SOFT PHILOSOPHY OF LAW

법철학 소프트

김 석

박영사

책 머리에

이 책은 제목처럼 법철학에 관한 가벼운 이야기를 모은 것입니다. 늘 그 속에서 살고 생활하면서도 법을 어렵고 낯선 것으로 생각하는 사람들이 많고 철학도 골치깨나 아픈 분야로 여기다 보니, 법과 철학이 합쳐진 이 법철학이란 물건은 또 얼마나 난해하고 졸리는 학문일까 하고 미리부터 겁을 먹는 사람도 있을 것입니다.

실제로 대다수 법철학 관련서들은 법을 직업으로 삼는 필자 같은 사람도 끝까지 읽어내기가 쉽지 않은 것이 사실입니다. 법이 본래 전문 영역에 속하는데다 일정한 법사상사적 지식과 추상적 사유가 필요한 이유도 있지만 중요하게는 외국의 이론이나 개념들을 날 것 그대로 빌려다 쓰기 때문입니다. 거기다 번역서들은 또 왜 그렇게 모래를 씹는 맛인지?

그렇다고 너무 염려할 필요는 없습니다. 법철학이란 좀 고상하게 말하면 '법에 대하여 철학적으로 접근하는 학문'(법철학, 최종고) 또는 '철학적 법학'이지만, 달리 말하면 우리가 늘 접하고 또 그 속에서 생활하고 있는 '법과 법 현상에 대해서 이리저리 생각하고 궁리해보는 행위'에 다름 아니기 때문입니다.

앞으로 살펴보겠지만 '법' 또는 '법 현상'과 관련하여 일상 속에서 제기되는 수많은 질문들, 다양한 사례와 딜레마 상황들이 모두 법철학의 테마이고, 그에 대한 자유로운 생각들이 모두 법철학의 내용입니다. 예를 들어 누가 어떤 계기를 통해 '국가(법)란 무엇인가, 개인이 국가를 위해 존재하는가 아니면 국가가 개인을 위해 존재하는가'라는 의문을 가지게 되었다면 그는 이미 법철학의 가장 오래된 테마에 접근한 것이고, 또 누군가 '악법도 법이고 지켜야하는가' 하는 질문을 하고 있다면 그는 은연중 법실증주의와 자연법론이라는 법철학의 양대(兩大) 사조와 만나고 있는 것입니다.

그렇게 보면 법철학은 의외로 우리와 친숙한 분야이고, 상냥한 안내자를 만난다면 누구나 법철학의 숲길을 가벼운 마음으로 산책할 수 있습니다.

그런데 왜 지금 법철학이냐고 묻는 사람도 있을 것입니다. 물론 법철학이라는 학문은 오래전부터 있었고, 연구와 교수가 끊임없이 진행되어 왔습니다. 그러나 많은 국민들이 좋은 정치, 좋은 국가를 고민하는 지금이야말로 무엇보다 법철학적 성찰이 필요한 때입니다.

현대국가는 법치국가이고, 모든 것은 법에 따라 이루어집니다. 정치나 정책이라는 것도 궁극적으로는 법과 예산을 통해 실현됩니다. 한마디로 국가라는 하드웨어를 제어하는 핵심 소프트웨어가 바로 법입니다. 국가가 법이고 법이 곧 국가라고 해도 과언이 아니며, 실제로 법과 국가의 동일성을 주장한 법학자도 있습니다. 결국 좋은 정치, 좋은 국가는 좋은 법으로 귀결되고, 따라서 전체로서의 법을 사유하는 법철학이 절실히 요구되는 것입니다. 법철학을 '철학화된 정치'라거나'법에 대한 성찰을 통해 삶에 봉사하는 학문'이라고 말하는 것도 그 때문입니다.

세간에 변호사를 분류하는 농담이 있으니, 일은 적고 돈은 잘 벌면 1류, 일도 많고 돈도 잘 벌면 2류, 일도 적고 돈도 못 벌면 3류, 일은 많고 돈은 못 벌면 4류 변호사라 합니다. 필자로 말하자면 4류 변호사를 전전하다가 작금에야 3류 변호사로 승급하였는데, 가난과 시간을 동시에 허락받은 지금의 처지를 도리어 큰 축복으로 여기고 있습니다.

3류 변호사가 되지 못했다면 도저히 이 책을 쓸 엄두를 내지 못했을 것이기 때문입니다. 그런 점에서 세상에 공짜는 없고 하나를 얻으면 하나를 잃으며 인생은 선택과 기회비용의 연속이라는 것을 절감하게 됩니다.

서문을 쓰는 지금, 여러 사람들이 뇌리를 스치지만 적잖이 흔들리는 필자를 법조의 길로 인도하고 정작 이제는 그 선택이 옳았는지 확신하지 못하고 언제나 노심초사 지켜보시는 고향의 노부(老父)께 이 책을 바칩니다.

2015년, 여름

상동(上洞) 사무실에서

CONTENTS

법철학의 숲

법철학 소프트

법은 흘러갔는가

法哲學

추억 속 풍경

법에 대해 생각할 때면 언제나 필자의 뇌리를 맴도는 추억 속 장면이 하나 있습니다.

때는 1980년대 중반, 그러니까 서울이라고는 생전 구경도 못해 본 필자가 새벽 어스름에 서울역에 내려 옛 대우빌딩의 칙칙하고 우람무식한 자태(김용옥 교수는 이를 리바이어던[1]이라 부르기도 했습니다)를 보고 뒤로 자빠지거나, '버스가 건물을 오르내리더라'는 같은 반 친구의 말에 반신반의하다가 건물 2, 3층 높이에서 사람을 싣고 내리는 강남고속버스터미널을 멀리서 보고 끝내 고개를 끄덕이고 말았던 시절입니다.

교양과목인 '자연과학개론' 시간에 이공계 노교수님이 우리 촌놈들, 그러니까 새내기 법대생들을 앞에 두고 첫 강의를 시작하면서 대뜸 이렇게 물었습니다.

"법이란 무엇이냐?"

---

1) 성경 욥기에 나오는 악어처럼 생긴 바다 괴물의 이름으로 토마스 홉스에 의해 정치적 공동체, 국가를 지칭하는 말로 사용되었습니다.

불의의 일격을 당한 우리는 그저 눈만 껌벅거리고 꿀 먹은 벙어리가 되었는데, 그 교수님 분필을 들어 칠판에 法(법)자를 크게 쓰더니 물 수(水) 변과 갈 거(去) 자를 하나씩 짚으시며 하는 말씀이,

"물 수, 갈 거, 한 물 간 것이여. 한 물 간 것이 법이여!"

그렇게 일갈(一喝)했던 것입니다. 시골뜨기 법대생들에 대한 조롱이었는지, 나라를 먹여 살리는 것은 정작 법이 아니라 자연과학이나 공학(工學)이라는 그분 나름의 자존심의 표현이었는지 알 수 없지만 아무튼 청운의 꿈을 품고 손 흔들고 서울로 유학 온 당시의 필자에게는 상당한 충격이자 불의타(不意打)였고, 그 장면이 오래도록 기억 한 편에 저장되어 있습니다.

법조인의 지위하락

당시만 해도 법조인이 그리 많지 않은 시절이었고, 현직에 있으면 남녀노소 불문하고 영감(令監-조선시대 고관으로 종2품, 정3품의 당상관을 지칭함) 소리를 듣고, 퇴직하면 또 전관예우를 받으며 희소가치와 공급부족의 특수를 톡톡히 누리던 시절이라, 그 교수님 말씀이 조금은 생뚱맞게 들린 것이 사실이지만 지금에 와서 생각해보면 그야말로 선견지명이 따로 없습니다.

그분 말대로 이제 '직업으로서의 법' '밥으로서의 법'은 한 물 간 것이 틀림없는 시대가 되었습니다. 법조인이라고 별난 특권이 보장되는 것도 아니고, 여타 직종에 비해 달리 수입이 많은 것도 아닙니다.

개인비리나 직권남용으로 감옥에 가는 판·검사도 생겨나고 채무 때문에 파산하거나 도피하는 변호사도 종종 있습니다. 이사나 부장 대우를 받던 것이 평사원이나 대리로 입사하는 것이 보통이고, 사무관 대우에서 6급, 7급 계약직으로, 경정 특채는 경감, 경위특채로 낮아졌습니다. 은행의 신용대출한도도 대폭 줄었고, 열쇠 몇 개는 옛말, 혼기를 놓친 신랑·신붓감도 많습니다.

법조인의 생활수준을 이르는 말로 예부터 '면기난부(免飢難富)'라는 말이 있었는데, 과거에는 약간 엄살이 섞여 있었고, 실은 난부－큰 부자 되기 어렵다－쪽에 방점이 있었다면, 요새는 그야말로 면기－겨우 밥이나 먹고 산다－에 중점을 둬야 할 시대입니다.

여러 이유가 있겠지만 무엇보다 법조인의 대량배출로 인한 가격의 재조정 때문입니다. 김영삼 정부에서 시작하여 노무현 정부에서 그 정점을 이룬 일련의 사법개혁과 로스쿨제도 도입 및 법률시장 개방에 따른 외국계 법률회사의 국내 진입으로 인해 법조인 공급이 단기간에 급격히 확대된 결과, 수요·공급의 가격법칙에 따라 법조인의 가격하락이 본격화된 것입니다.

소송만능, 법관국가화 경향

그런데 이와 같은 법조인의 지위하락이 법 자체의 쇠퇴나 사법권의 기능 약화를 의미하는 것인가 하면 전혀 그렇지 않고 오히려 그 반대입니다. 오늘날 정치나 행정은 물론 하다못해 사적 단체의 운영에 이르기까지 모두 법(정관·규약)에 따라 이루어지고 있고 '대통령 탄핵 사태' '행정수도 이전' '도롱뇽 소송' '새만금 사태' '통합진보당 해산' 등에서 알 수 있는 것처럼 최고 권력자의 진퇴나 국가 중요사업의 존망, 정당의 운명이 모두 사법부의 판결에 따라 결정되고 있습니다.

개인 간의 사소한 생활분쟁에서부터 커다란 국가적 과제에 이르기까지 모두 법의 심판대에 세우고, 법원과 헌법재판소의 판결을 받아야 비로소 분쟁이 종결되는 '소송만능' '사법적극' '법관국가'의 시대에 살고 있으며, 밀려드는 송사에 법원, 검찰의 불빛은 불철주야 꺼질 줄 모르는 형편입니다.

현대국가가 입법(立法)국가[2]에서 사법(司法)국가로 그 무게중심이 옮겨가고 법원국가화, 법관국가화되고 있는 경향과 관련해 미국의 법률가 프레드 로델은 '우리의 정부는 인민의 정부가 아니라 법률가의 정부'라고 하였고, 미 연방대법원장 찰스 에반스 휴스는 '우리는 모두 헌법 아래 있다. 그러나 헌법이란 법관이 그렇다고 말하는 것이다'라고 갈파한 바 있습니다(저주받으라 너희 법률가들이여, 프레드 로델).

민주적 선출 과정을 거치지 않고 다양성도 부족한 소수의 법률전문가집단(대법관 14명, 헌법재판관 9명)이 과연 국민의 대표기관이 제정한 법률과 대통령의 공권력 행사와 나라의 중요정책, 정당의 운명까지 좌우해도 되는 것인지, 그 정당성의 근거는 무엇인지, 3권의 분립은 적정히 유지되고 있는지 근본적 의문이 제기되고 있는 것입니다.

아무튼 법조인의 지위하락에 반비례하여 분쟁해결수단으로서의 법의 기능과 사법부의 역할은 이처럼 갈수록 커지고 있으니, 학창시절 노교수님의 명쾌한 정의는 반은 옳고 반은 틀린 것이고, 오늘 우리가 새삼 법을 생각해보는 이유도 여기에 있습니다.

---

2) 존 로크는 그의 통치론에서 '국가에는 단일의 최고의 권력, 곧 입법권이 있는데, 거기에 여타의 모든 권력이 종속되어 있고, 또 종속되어야 한다'고 주장하였습니다.

법이란 무엇인가

法哲學

산(山)을 아는 방법

법철학은 법이란 무엇인가 하는 법의 개념 또는 법의 정의(定義)로부터 시작됩니다. 법철학이란 '법에 대해 궁리하기' '법에 대해 생각하기'에 다름 아니고, 따라서 그 궁리와 생각의 대상인 법이 무엇인지 우선 알아야 하기 때문입니다. 그러나 우리가 출발점에 서서 살펴볼 법의 개념은 마치 멀리서 바라보는 산처럼 그 대체적인 윤곽일 뿐 정확한 실체라고 단정할 수는 없습니다.

그것은 마치 우리가 산을 알아가는 방식과 동일합니다. 멀리서 산을 바라보는 것은 물론 산을 이해하는 첫걸음입니다. 이를 통해 우리는 산의 규모, 높이, 위치, 전체 윤곽 등을 알 수 있습니다. 그러나 이것만으로 산을 알았다고 할 수는 없습니다. 직접 산 속으로 들어가 그 속에 어떤 길이 있고 어떤 나무와 풀, 꽃들이 자라며 어떤 동물이 살고 있고, 무슨 지질과 토양으로 되어 있으며, 계곡과 바위는 어떻게 이루어져 있는지 알아야 합니다. 한쪽 등산로만 따라가는 것으로는 부족하고 동서남북 여러 방면에서 산을 오르내려야 하고 때로는 등산로가 아닌 길도 걸어야 합니다.

산 밖에서는 산의 실체를 알지 못하고 산 속에서는 또 산이 보이지 않기 때문에 안과 밖을 넘나들며 거시적으로도 보고 미시적으로도 보아야 합니다. 그뿐만이 아닙니다. 봄 산이 다르고 여름 산이 다르며 가을 산이 다릅니다. 산은 겨울에 드러난다는 말처럼 나무들이 모든 잎을 떨구고 가지만 앙상한 겨울 산을 보기 전에는 그 산을 다 알았다고 할 수 없습니다. 시간의 변화, 세월의 흐름 속에서 산을 보아야 합니다. 우리가 어떤 사람이나 대상을 안다는 것은 다 이런 과정을 필요로 합니다. 겉도 보고 속도 보고 시간의 흐름도 견뎌야 합니다.

법도 마찬가지입니다. 법을 온전히 이해하기 위해서는 개개의 법률과 구체적 법 현상도 알아야 하지만 전체로서의 법도 생각해보아야 합니다. 법을 둘러싼 계급·계층적 이해의 충돌, 사회적 세력관계를 볼 수 있어야 하고, 생성·변화·소멸하는 법의 역사적 측면도 간과해서는 안 됩니다.

따라서 우리가 여기서 살펴보는 법의 개념은 마치 오르기 전에 바라보는 산과 같고 하산(下山) 후에 다시 쳐다보는 산과는 같은 산이되 그 내포와 외연이 사뭇 다를 것입니다.

법의 본질에 대한 암시

법을 잘 모르는 사람도 법에 관련된 단어나 정의의 여신상과 같은 일정한 상징을 알고 있으며, 이것들로부터 법에 대한 일종의 암시나 힌트를 얻을 수 있습니다.

법이나 법률을 뜻하는 단어로 law, recht가 있는데 law는 법, 규범이라는 뜻도 있지만 자연적 법칙, 과학적 규칙을 말하기도 합니다. recht도 법, 법률, 권리로 풀이되는 한편 옳음, 정당함, 정의를 뜻하는 명사나 형용사로 쓰이기도 합니다. 정의나 공정을 뜻하는 justice는 사법·재판의 의미도 있고, 판사를 일컫는 말이기도 합니다.

표의문자인 한자로 법을 풀이해보면, 우리가 흔히 사용하는 法(법)은 간략자요, 정자(正字)는 위 물 수 변과 갈 거 사이에 – 정확히는 거(去)자 위에 – 해태 치(廌)자가 더해진 것입니다. 그런데 이 해태라는 상상 속 동물은 모습은 사자와 비슷한데 머리 가운데에 뿔이 있으며, 시비·선악을 판단할 줄 안다고 합니다. 현재 우리나라 각 지방의 경계석으로도 사용되고 있는 이 동물에 대해 중국의 '이물지(異物誌)'에는 '동북지방의 황량한 땅에 어떤 짐승이 사는데 이름을 해치라 한다. 뿔이 하나이고 성품이 충직하다. 사람들이 싸우는 것을 보면 바르지 못한 자를 들이받고, 사람들이 서로 따지는 것을 들으면 옳지 못한 자를 문다'라고 기록되어 있다고 합니다.

결국 한자(漢字)를 통해서 우리는 법이 물이 높은 데서 낮은 데로 흘러가는 것과 같은 자연적 법칙·질서와 관련이 있고, 뿔 달린 해태가 달려가서 들이받고 무는 것으로 상징되는 폭력과 강제, 악의 제거와 연관이 있다는 것을 알 수 있습니다.

법의 상징으로 정의의 여신 디케 상(像)을 떠올리는 경우도 많은데, 위 디케와 그의 어머니에 관한 이야기도 법의 본질을 이해하는 데 도움이 됩니다. 신들의 아버지 제우스에게는 두 번째 아내 테미스가 있었는데, 테미스는 일찍이 천계에 혼란이 일어났을 때 신들을 불러 모아 천계의 질서를 회복시켜서 율법의 상징이었다고 합니다. 이 테미스에게 세 딸이 있었으니 첫째가 평화의 여신 에이레네, 둘째가 바로 정의의 여신 디케, 셋째가 규율의 여신 에우노미아이고, 위 셋을 합하여 계절의 여신이라 불렀다는 것입니다.

이런 고대 그리스 신화의 내용도 법(테미스)이 규율(에우노미아), 정의(디케), 평화(에이레네)와 관련되어 있고, 계절의 변화와 같은 자연적 질서를 추구한다는 것을 드러냅니다(네이버, 다음 백과사전).

이처럼 법(法)이라는 글자의 유래, 일정한 상징물, 그리스 신화 등을 통해 우리는 막연하게나마 법이 물(물은 자연적 질서뿐 아니라 항상 수평을 유지한다는 점에서 공정·공평의 의미도 가지고 있음), 해태(치), 뿔, 규율, 정의, 평화와 같은 단어들과 관련이 있다는 것을 알 수 있고, 법에 관한 일정한 선입관, 인상을 형성할 수 있습니다.

법의 정의에 관한 언급들

그렇다면 과거의 철학자, 사상가들은 법을 어떻게 정의하였을까요? 법의 정의에 관해서는 지금껏 여러 사람들의 주목할 만한 언급이 있었고, 앞으로도 새로운 정의가 내려질 것이며, 법과 인류가 존재하는 한 그 시도는 언제까지나 현재진행형일 것입니다.

그런데 우리가 무엇을 정확히 정의한다는 것은 본래 그리 간단한 문제가 아닙니다. 과일 중 하나인 '사과'를 예로 들면 사과의 사전적 정의는 '사과나무의 열매'입니다. 그럼 사과나무는 무엇인가? '장미과의 낙엽교목'입니다. 그리고 이 '장미과의 낙엽교목'은 '잎은 어긋나고 타원형 또는 달걀 모양의 톱니가 있다. 4~5월에 약간 붉은 색을 띤 흰 꽃이 잎과 함께 가지 끝 잎겨드랑이에서 나와 산형화서로 피고 열매는 8~9월에 익는데 비타민 C가 풍부하고 신맛, 단맛이 있다. 아시아 서부, 유럽 동남부가 원산지로 국광, 홍옥 따위의 많은 개량 품종이 있다'고 설명됩니다.

그러면 이것으로 사과의 정의가 제대로 내려진 것인가요? 사과라는 과일 그 자체의 성분, 색깔, 크기, 맛, 촉감, 영양소가 모두 포함된 것인가요? 또 사과와 사과 아닌 것을 구별하는 본질적 표지가 반영된 개념인가요? 사과를 '사과나무의 열매'라고 정의할 수 있다면 거꾸로 사과나무는 '사과(열매)가 열리는 나무'라고 하는 것도 정당한 정의인가요?

실재하는 구체적 사물을 정의하는 것도 이와 같을진대 추상적 개념인 법을 정의하는 것은 더욱 어려운 일입니다. 꽃이라는 이름의 꽃이 없고, 사람이라는 이름의 사람이 없는 것처럼 법이라는 이름의 법은 없습니다. 실재하는 것은 '헌법' '민법' '형법' 등 구체적인 이름을 가진 법률들입니다. 따라서 법을 전체로서 정의하기 위해서는 이러한 구체적인 법률 속에서 공통적 요소를 추출하여 이를 일반화·추상화하는 또 다른 사유가 필요합니다. 우리가 헌법, 민법, 형법 등 개개의 법률에 대해 쉽게 정의를 내리는 반면[3] 법 일반에 대해서 정의하기 어려운 이유가 여기에 있습니다.

게다가 법에 대한 정의에는 정의하는 자의 처지와 주관이 깊이 개입될 수밖에 없고, 그가 살았던 시대적 상황도 작용을 합니다. 평화로운 시기를 살았던 사람과 급격한 변혁기를 살았던 사람의 법에 대한 정의가 같을 수가 없고, 강자의 편과 약자의 편, 진보적인 사람과 보수적인 사람의 정의가 한결같을 수는 없습니다.

그러면 이런 모든 사정을 염두에 두고 여러 사람들이 말한 법의 개념을 한 번 음미해보겠습니다.

'다만 최강자의 힘과 권리'_고리기아스
'선과 형평의 기술'_켈수스
'주권자의 명령'_홉즈

3) 통치구조와 기본권을 정한 국가의 근본·최고 규범(헌법), 사인간의 권리·의무에 관한 법(민법), 범죄와 형벌에 관한 법(형법) 등

'전체(일반)의사의 선언'_루소

'공동체의 의지'_라렌쯔

'도덕의 최소한'_옐리네크

'누대(累代)의 집성(集成)된 이성'_버크

'규범적 강제질서'_켈젠

'사람들이 더불어 사는 삶의 규범과 규칙으로서 서로 승인한 모든 것'_비어링

'규범적 행위기대를 일관되게 일반화한 것'_루만

'투쟁과 노동의 산물'_예링

'지배계급의 도구'_마르크스

'법원의 행동에 대한 예언'_홈즈

'법이념(정의)에 봉사하는 의미의 현실'_라드부르흐

그 밖에도 수많은 법에 관한 정의가 있고, 이것들은 모두 다이아몬드의 표면처럼 진실의 일단을 조금씩 드러내고 있으나 반대로 그 어느 것도 진실을 온전히 다 비추지는 못합니다.

법은 당위를 정한 것

그렇다면 도대체 법이란 무엇일까요. 법의 본질로부터 출발하되 사회구조적, 역사적 관점을 견지하면서 법을 정의한다면 무어라 할 수 있을까요?

법은 우선 어떤 사실이나 존재가 아니라 마땅히 그러해야 할 당위(當爲)를 정한 것입니다. 예를 들어 한 해에 절도사건이 몇 건이나 발

생하는지, 경제불황이 절도사건의 발생에 어떤 영향이 있는지 등을 밝히는 것이 아니라 '남의 재물을 절취하면 6년 이하의 징역이나 1,000만원 이하의 벌금에 처하므로 절도하지 말라'는 당위와 금지, 명령을 정해놓은 것입니다(법이란 무엇인가, 노베르트 회르스터).

그런 점에서 법은 '사회구성원이 마땅히 지키고 따라야 할 당위에 관한 규범' 이른바 '당위규범'입니다. 그런데 당위에 관한 규범에는 법규범도 있지만 종교규범도 있고, 도덕규범도 있고, 예절규범도 있습니다. 따라서 법이 당위에 관한 규범의 일종이라는 것만으로는 법의 특성이 완전히 설명되었다고 할 수는 없습니다.

법은 강제규범

법규범에는 여타 규범과는 다른 또 다른 표지가 추가되어야 하는데 그것이 바로 법규범은 그 규범의 준수가 권력에 의해 강제되는 규범이라는 점입니다. 앞서 본 것처럼 법은 뿔, 들이받고 무는 것이라는 요소와 불가분하게 연결되어 있고, 정의의 여신상이 상징하는 것처럼 칼을 필수적 요소로 합니다. 그런 의미에서 법 없는 칼, 법 없는 뿔, 법 없는 힘은 있어도 칼 없는 법, 뿔 없는 법, 힘없는 법은 없다는 말은 불변의 진실입니다. 이처럼 법은 '국가권력에 의해 준수가 강제되고 위반시에 제재(형벌·강제집행)가 따른다'는 점에서 '강제규범'이며, 이것이 법과 그 밖의 타자를 구별하는 가장 본질적 징표이자 특징입니다.

물론 법규범 속에는 직접적인 제재효과를 갖는 명령(금지)규범만 있는 것이 아니라 목적규범(법률의 목적), 정의(定義)규범(용어의 정의), 수권(授權)규범(권한의 위임), 요식(要式)규범(일정한 형식)도 있습니다.

그러나 이처럼 그 자체로는 그 어떤 강제나 제재효과를 수반하지 않는 규범들도 명령규범과 결합하여 전체로서 강제력을 갖기 때문에 법이 강제규범이라는 점에는 아무런 지장을 주지 않습니다.

법이 강제규범이라는 것과 관련해 그렇다면 과연 누구를 강제하는 것이냐, 다시 말해 법이 누구에게 명령 또는 금지하는 것이냐 하는 수규자(受規者)논쟁이 있습니다. 이를테면 우리 형법 제250조는 '사람을 살해한 자는 사형, 무기 또는 5년 이상의 징역에 처한다'고 규정하고 있는데, 이 규정이 누구에게 명령(금지)하는 것이냐 하는 문제입니다.

이에 대해 한스 켈젠과 같은 사람은 법집행자(공무원)를 직접 수범자로 하며, 일반국민은 공무원의 법집행으로 인해 간접적인 영향을 받는 데 불과하다고 생각하기도 합니다. 위 형법 규정은 법집행자(공무원)에게 사람을 죽인 자는 사형, 무기 또는 5년 이상의 징역에 처하라는 명령이며, 법집행자가 위 법에 따라 살인자를 처벌하기 때문에 위 법규정이 효력을 발휘한다는 것입니다.

그러나 오로지 공무원(법집행자)만을 강제한다는 설에 따르면 범죄가 발생한 후에 그에 대한 법집행(처벌)만 강제하는 것으로 해석될 수밖에 없고, 국가의 사전적인 범죄예방활동이라든가 사인(私人)의 현행범인 체포[4]와 같은 것을 설명하기 어려우며, 법집행자(공무원)도 한편으론 일반국민의 지위에 있음을 고려하면 국민일반을 1차적 수범자, 법집행자를 2차적 수범자로 한다는 생각이 타당하다고 할 것입니다. 결국 법은 일차적으로 일반인을 위하(威嚇)하고, 2차적으로 법집행자에게 제재를 명함으로써 규범력을 유지하는 것이라 할 것입니다(법이란 무엇인가, 노베르트 회르스터).

4) 형사소송법 제212조는 현행범인은 누구든지 영장 없이 체포할 수 있다고 규정하고 있습니다.

아무튼 시대의 변화에 따라 법의 성격과 내용은 얼마든지 달라질 수 있으나 그것이 법이라는 이름으로 불리는 한 강제규범이라고 하는 본질은 변하지 않으며, 그런 점에서 법에서 거추장한 외피를 다 벗기고 나면 최후에 남는 알멩이가 바로 강제규범이라는 성질입니다. 이에 대해 루돌프 폰 예링과 같은 사람은 '법적 강제를 결하는 법 규정은 그 자체로서 모순이요, 타지 않은 불, 비치지 않은 빛이다'고 하였고, 토마스 홉스도 '칼 없는 (신의)계약은 빈 말에 불과하며, 인간을 보호할 힘이 전혀 없다'고 말하기도 하였습니다.

법은 힘이자 의지

그러면 이것으로서 법에 대한 정의가 완결된 것일까요? 법의 제1차적 정의는 물론 강제규범이지만 그것만으로는 왠지 피상적이고 법의 생성, 유지, 변화를 구조적·동태적으로 설명하기 어렵습니다.

앞서 법을 설명하면서 뿔, 칼, 들이받고 무는 것을 말했지만 법의 본질은 우선 힘입니다. 힘 있는 자의 이익(요구)을 반영하여 생성되고, 힘(권력)에 의해 그 효력이 유지되며, 힘 관계의 변동에 따라 변경되고 폐지됩니다. 이처럼 법이 그 자체로 힘이라는 사실은 오랫동안 여러 사람들에 의해 간파되어 왔습니다. '다만 최강자의 힘과 권리'라는 고리기아스의 노골적 정의도 있거니와 루돌프 폰 예링은 '법은 단순한 사상이 아니라 생동하는 힘'이라고 하였고(권리를 위한 투쟁, 루돌프 폰 예링), 체사레 베카리아는 '권리란 단어는 권력과 모순되는 것은 아니다. 오히려 전자는 후자의 수정형태라 할 수 있다'고 하였습니다(범죄와 형벌, 체사레 베카리아).

그런데 언제부턴가 이러한 법의 본질은 희석되고 죽은 법조문을 해석하는 것으로 법의 관심이 축소되었으며, 이에 대해 예링은 다시 '우리의 이론을 자세히 눈여겨보면, 아직까지도 정의의 여신의 검(劍)에 대해서보다는 저울판에 더 많은 관심을 갖고 있다 — 요컨대 법을 힘의 개념으로서 그것의 실질적 측면보다는 오히려 추상적인 법규 체제로서 논리적인 측면을 더 강조하는 — 편파성은 법의 전체적인 파악에 극히 비현실적인 방법으로 영향을 주고 있다'고 지적하였습니다.

법은 또한 의지입니다. 앞서 우리는 법이 당위를 정해놓은 것이라고 했는데, 이 당위는 '마땅히 그러해야 한다'는 누군가의 의지에 다름 아닙니다. 헤르만 칸토로비츠 같은 사람은 '당위는 — 의지이며, 승인된 당위는 — 고유한 의지이고, 승인되지 않은 당위는 — 타인의 의지'라고 말합니다(법학을 위한 투쟁, 헤르만 칸토로비츠). 그러나 의지라고 하여 아무의 의지나 다 법이 될 수는 없습니다. 힘 있는 세력의 의지 이른바 지배적 의지가 일반의지로 간주되며, 법은 이러한 '일반의지의 표현'입니다(프랑스 인권선언 제6조, 세계를 바꾼 연설과 선언, 이종훈).

그렇다면 지배적인 힘과 의지는 왜 현실적 힘을 행사하는 것에 그치지 않고 굳이 법이라는 것을 제정하여 이를 통용시키는 것일까요? 자신의 지배체제를 영구화, 전면화, 정당화하기 위해서입니다. 아무리 최강자라 할지라도 자신의 힘을 권리로, 그리고 자신에 대한 복종을 의무로 바꿔놓지 않는 한 영원한 지배자가 될 만큼 강하지 않습니다(사회계약론, 장자크 루소). 유한한 현실의 권력은 법을 통해서 비로소 시간적, 장소적 한계를 극복할 수 있고 체제의 지속성, 전일성(全一性), 정당성을 획득하게 됩니다.

이처럼 법은 그 사회의 지배적인 힘에 의해 제정되고 그 힘으로 효력을 유지하며, 지배세력의 가치가 일반화된 것입니다. 한마디로 그 시대의 지배적인 힘과 의지를 반영하여 제정되고 통용되는 것이 법입니다. 물론 법 중에는 계급 중립적이나 가치 중립적인 법[5]이 없지 않으나 전체로서의 법은 지배계급이나 지배세력의 이익과 요구, 가치를 반영합니다.

변화 · 발전하는 것

법이 고정·불변하지 않고 변화·발전하는 것도 그 때문입니다. 지배세력이 변하고 지배적인 의지(가치)가 변하면 강제규범으로서의 법도 이를 반영하여 변화하게 되는 것입니다.

그러나 법이 변화·발전한다고 하여 법이 사회변화를 선도한다는 의미는 아닙니다. 법은 본질적으로 수동적, 추수적입니다. 법이 사회변화에 능동적 작용을 하는 경우도 없지는 않으나(이 문제는 제2장에서 법은 보수적인가 하는 문제로 다시 생각해볼 것입니다) 이는 특정한 시기의 예외적인 현상일 뿐 기본적으로 법은 사회변화의 수동적 결과물입니다. 경제적 생산관계 등에 따라 형성된 지배적인 힘이 지배적인 의지(사상, 신념, 가치관)를 형성하고, 위 지배적인 의지가 법질서라고 하는 규범적 상부구조를 형성하여 최후로 제도화하는 것입니다. 헤겔은 철학을 일컬어 '현실이 그 형성과정을 종료하여 확고한 모습을 갖추고 난 다음에야 비로소 시간 속에 나타난다'고 했는데(법철학, 헤겔), 법이야말로 황혼이 깃들 무렵에야 비로소 날기 시작하는 미네르바의 부엉이와 같습니다.

---

5) 고조선 시대 팔조법금에 있는 살인, 상해, 절도죄나 단순한 질서유지법, 교통법규 등

법이 변화를 넘어 진정 발전하는가 하는 것은 또 다른 테마입니다. 그것은 마치 예술이나 철학, 도덕이 발전하는가 하는 문제처럼 논란의 여지가 많은 주제이며, 발전의 척도가 무엇인가도 문제가 됩니다. 인류가 약 2,000~3,000년 전에 살았던 위대한 사상가들(예수, 공자, 석가, 마호메트, 소크라테스 등)의 영향에서 거의 벗어나지 못하고 있는 것이라든가 현대정치가 고대 그리스의 민주정치의 원형에 도달하지 못하는 것을 보면 인류나 문명의 진보라는 것이 허구이거나 터무니없이 보잘것없는 것이 아닌가 하는 회의가 생길 수도 있습니다.

그러나 사회가 진보하는 것이라면 그 규범적 구성요소인 법만 예외일 수는 없으며 실제로 법은 역사의 진전에 따라 자유, 인권, 정의, 평등, 평화를 향하여 끊임없이 발전해왔습니다. 구구한 설명을 하지 않더라도 계급질서가 당연시되던 조선시대의 법과 오늘날의 법을 비교해 보는 것만으로 우리는 법이 궁극적으로 발전한다는 사실을 금방 알 수 있습니다.

결국 이렇게 보면 법이란 일응 '그 시대의 지배적인 힘, 의지를 반영하여 계속 변화·발전하는 강제규범'이라고 정의할 수 있습니다.

법과 도덕은 구별되는가

法哲學

아, 법과 도덕

다시 대학 신입생 시절 이야기입니다. 첫 중간고사 시험이 다가오자 학생들 사이에서 이런 이야기들이 나돌기 시작했습니다.

"김 교수님 법학통론 시험 말이야, 10년째 똑같은 문제래. 법과 도덕! 이번에도 틀림없을 거야."

'설마, 같은 문제를 10년째 낼까. 말도 안 돼'하고 반신반의하는 사람도 더러 있었고, 필자도 그 중 하나였지만, '삼인언(三人言)이면 시유호(市有虎)[6] 라고, 여기저기서 같은 말을 계속 듣다보니 슬슬 신경이 쓰였고, 종당에는 너 나 없이 '법과 도덕' 파트만 죽어라 들여다보게 되었습니다.

그리고 드디어 시험 당일 답안지를 앞에 놓고 초조하게 문제를 기다리고 있는데, 이게 어찌된 일일까요? 그렇게 기다리던 ㅂ자가 아니라 ㅅ자로 문제가 시작되는 게 아닙니까. 막상 출제된 문제인즉, 실체법과 절차법!

6) 세 사람이 입을 맞추면 없는 호랑이도 생겨난다는 말

여기저기서 원성인지 신음소리인지 알 수 없는 소리가 강의실에 웅웅거렸고, 결국 우리들 대다수는 과락(科落)을 구제받기 위해 남들은 시험 끝나고 놀 때 추가로 한자시험을 치러야 했습니다.

그 해프닝이 누군가의 계략 때문이었는지 아니면 10년 만에 진짜로 문제가 바뀐 것인지를 놓고 다시 설(說)이 분분했으나, 곧 관심에서 멀어졌고, 이제는 그 진위를 영영 알 수 없는 영구미제사건(永久未濟事件)이 되고 말았습니다.

취업경쟁이 극심하고 학사관리가 엄격한 오늘날에는 상상하기 어려운 이야기지만, 당시만 해도 교재의 1/5도 채 배우지 못했는데 학기가 끝나고, '먹고 대학생, 놀고 대학생'하는 소리를 심심치 않게 듣던 때였습니다.

단순하지만 무궁무진한 질문

그런데 사실 법과 도덕의 문제는 그 교수님이 10년째 같은 문제를 냈다 해도 전혀 이상하지 않을 만큼 법철학에 있어서 중요하고 어려운 테마입니다. 남미대륙 최남단에 있는 케이프혼 주변은 강풍과 큰 파도, 빠른 해류, 유빙(流氷) 때문에 극히 위험하여 선원들의 무덤이라고 불렸다는데, 이에 빗대 법과 도덕의 문제를 '법철학의 케이프혼'이라 부르는 사람도 있을 정도입니다.

법과 도덕의 문제는 '법과 도덕은 같은가 다른가, 서로 어떤 관계에 있는가'라는 매우 간단한 논의구조를 가지고 있습니다. 그리고 이에 대해 '둘 다 사람이 따르고 지켜야 할 행동의 준칙이고 규범이지만 법이 공권력에 의해 준수가 강요되는 강제규범인 데 반해 도덕은 자율규범이라는 차이가 있다'고 상식적으로 답할 수도 있습니다.

그런데도 위 주제가 법철학의 무덤으로 불리는 이유는 무엇일까요? 위 질문이 매우 포괄적이고 근본적이며 그러면서도 실천적인 질문이라는 데 원인이 있습니다. 이 주제는 법철학의 다른 모든 주제와 논리적 연관을 갖고 있으며, 또 매우 실천적인 성격을 띠기 때문에 확고하고 일관된 법철학적 신념과 논리체계가 요구된다는 것입니다.

우선 위 논의는 법과 도덕의 대비를 통해서 법의 개념, 법의 본질을 명확히 하는 데 기여합니다. 뿐만 아니라 법의 이념, 법의 효력근거, 자연법론과 법실증주의, 악법의 문제 등 법철학의 거의 모든 주제에 간섭합니다. 법률의 도덕화 또는 도덕의 법률화가 문제되는 사안 ―나쁜 사마리아인처벌법, 신데렐라법, 피해자 없는 범죄, 존속범죄가중처벌 위헌론―에서는 매우 현실적이고 실천적인 문제로 재등장하며, 법과 종교, 법과 이데올로기, 법과 신념, 법과 정의와 같은 새로운 주제로 변형·확장되기도 합니다.

간단한 질문처럼 보이지만 실은 총체적이고 매우 실천적인 질문이라는 것에 그 이유가 있는 것입니다.

두 개의 원

그러면 이제 이해의 편의를 위해서 동그란 원 두 개를 떠올려보겠습니다. 그리고 원 하나는 법을, 다른 하나는 도덕을 뜻하는 것으로 단순하게 생각하겠습니다.[7)]

7) 이는 스페인 출신으로 일본에서 주로 활동한 법학자 호세 욤파르트의 아이디어를 차용한 것입니다.

먼저 법과 도덕의 관계를 서로 떨어진 두 원이라고 생각하는 견해입니다. 법과 도덕의 이원론이라고 부를 수도 있고 분리이론이라고 명명할 수도 있습니다. 법은 행위적, 타율적인 것이고 도덕은 내면적, 자율적인 것이기 때문에 서로 별개이고 다르다는 것입니다. 법이 외부적 행위를 대상으로 하는 강제규범임에 반해 도덕은 내면적, 자율적 행동준칙이라 할 것이므로 일견 타당해 보입니다. 그러나 법도 내면적인 요소[8]를 고려하고, 법의 자율성(피치자의 동의, 승인)도 무시할 수 없으므로 전적으로 타당하다고 할 수는 없습니다. 무엇보다 살인죄나 절도죄처럼 도덕률의 많은 부분이 법적으로도 강제된다는 점에서 완전한 분리이론은 정당성을 인정받기 어렵습니다.

반대로 법과 도덕을 완전히 일치하는 두 개의 원이라고 생각할 수도 있습니다. 법과 도덕의 일원론이라 부를 수 있는데, 극소수의 종교적 근본주의자나 도덕 지상주의자가 아니고는 실제로 이런 생각을 가진 사람은 많지 않을 것입니다. 아무튼 이 견해는 강제규범으로서의 법과 자율규범으로서의 도덕의 본질적 차이를 간과하는 것이고, 또 모든 도덕률이 법적으로 강제되는 것은 아니라는 점에서 문제가 있습니다.

게오르그 옐리네크와 같은 사람은 '법은 도덕의 최소한'이라고 하였는데, 도덕이라는 큰 원 속에 법이라는 작은 원이 포함되어 있는 것으로 이해할 수 있습니다. 그러나 현실의 법 중에는 도덕과 관련성이 희박한 법(도로교통법, 행정질서벌)도 많기 때문에 법이 반드시 도덕의 테두리 내에 있고 도덕적인 것의 최소한이라 보기도 어렵습니다.

예컨대 방향규범 같은 것은 도덕, 정의와는 전혀 관계가 없는 법

---

8) 형법은 고의범 처벌을 원칙으로 하고 과실범의 경우에는 법률의 규정이 있는 경우에만 처벌하며, 결과가 같더라도 고의냐 과실이냐에 따라 살인과 과실치사처럼 형량에 엄청난 차이가 있습니다.

규입니다. 우리 도로교통법은 '보행자는 보도에서는 우측통행을 원칙으로 한다' '차마의 운전자는 도로의 중앙으로부터 우측부분을 통행하여야 한다'고 규정하고 있는데, 이와 같은 보행자와 차마의 우측통행규정은 도덕과 관련이 없고, 그 반대인 좌측통행 규정보다 결코 정의롭지도 우월하지도 않습니다.

이처럼 단지 존재하는 것만으로 그 목적이 완성되며 어떻게 존재하는가는 중요하지 않은 법규, 어떻게 결정해도 좋지만 어떻게든 통일적으로 결정하지 않으면 안 되는 규범, 이른바 방향규범의 존재는 법과 도덕이 구별된다고 하는 뚜렷한 징표라 할 것입니다.

그 정반대 편에 단순한 거짓말이 있습니다. 단순한 거짓말은 양심과 도덕의 영역에서는 후회와 반성, 비난과 질책의 대상이지만 법적인 처벌대상은 아닙니다. 적어도 거짓말이 재물이나 재산상 이득의 취득으로 귀결되어야 비로소 법의 적용대상이고 사기죄로 처벌할 수 있을 뿐입니다.

따라서 법과 도덕의 관계를 서로 구별되지만 일정한 교집합을 가지고 있는 두 원의 관계로 보고, 법과 도덕이 상호침투와 배제를 반복

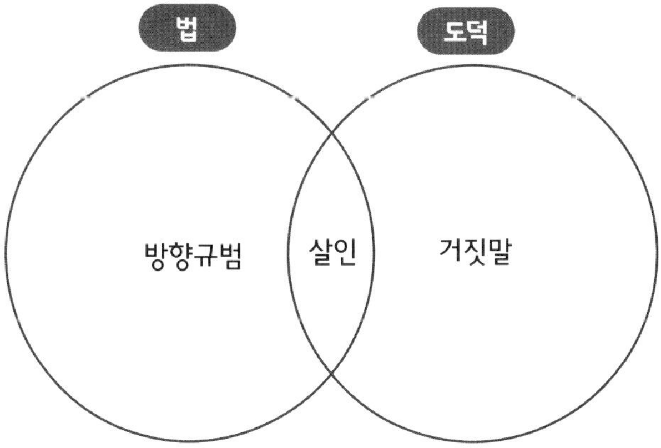

하면서 긴밀한 관련을 갖고 있다고 파악하는 것이 합리적입니다. 두 원의 교집합 부분은 법과 도덕이 중첩되는 영역(살인자의 도덕적 비난과 법적 처벌)이고, 나머지 오른쪽 원은 순수한 도덕(단순한 거짓말)이, 왼쪽 원은 도덕과 관련 없는 법(방향규범)이 있다고 상상하면 좋을 것입니다.

그렇다면 법과 도덕의 관계론은 법철학의 다른 주제들과 어떤 관련성을 가질까요? 앞의 논의들은 크게 보면 법에 있어서 도덕적 요소를 중시하는 입장(결합이론)과 법의 순수성, 독자성을 강조하는 입장(분리이론)으로 나눌 수 있는데, 전자는 법의 뿌리와 정당성의 근거를 주로 도덕에 두기 때문에 법철학적 사조에 있어서 자연법주의와 친숙하며, 법의 이념(목적)으로서 정의를 중시하고, 법의 효력근거로서 정당성설과 연결되며, 악법을 부인하고, 법률의 도덕화 경향에 관대합니다. 반대로 후자는 법실증주의와 가깝고, 법의 이념으로서 법적 안정성을 강조하며, 법의 효력근거로서 실력설과 관련되고, 악법을 인정하며(다만 그 준수 여부에 대해서는 입장을 달리함), 도덕의 법률화 경향에 엄격합니다.

물론 이는 논리적 단순화에 따른 귀결이므로 실제 법철학자들의 견해와 전적으로 같지는 않으며 각 법철학자들은 구체적인 문제에서 매우 다양하고 심지어 모순된 입장을 취하기도 하였습니다.

논의의 확장

한편 법과 도덕의 관계에서 '도덕'은 종교, 신념, 이데올로기, 가치, 정의라는 말로도 얼마든지 치환될 수 있으며, 따라서 법과 도덕의 관계는 법과 그 밖의 타자(종교, 신념, 이데올로기, 가치, 정의)와의 관계로 확장될 수 있습니다.

예를 들어 기독교의 10계명을 살펴보면 법의 규율영역과 중복되는 부분[9]이 있는가 하면, 순전히 도덕적 영역[10]이나, 종교 고유의 영역[11]이 있고, 특히 제1계명부터 제4계명은 국교(國教)를 부인하고 종교의 자유를 인정하고 있는 법률의 태도와 모순되기도 합니다.

불교의 5계도 마찬가지로 살생하지 말라(不殺生), 도둑질하지 말라(不偷盜), 간음하지 말라(不邪淫)는 계명처럼 법과 중복되는 부분이 있는가 하면 순전히 도덕적·종교적인 계명(不妄語－거짓말하지 말라, 不飮酒－술 마시지 말라)도 아울러 존재합니다.

법과 종교는 공히 '마땅히 그러해야 할' 당위에 관한 규범이고 행동의 준칙이라는 점에서는 같지만 전자는 정의와 평화를 후자는 구원과 사랑(자비)을 목적으로 하며, 전자는 타율적 수단을 후자는 개인의 깨달음, 각성을 전제로 합니다.

이처럼 법과 종교는 같으면서도 서로 다르기 때문에 서로 분립·회피하다가도 종종 자연법(신법)과 실정법의 이름으로 모순·충돌하기도 하며, 종교적인 신념 때문에 전쟁을 거부하거나 군복무를 기피하여 처벌되는 일은 법과 종교가 충돌하는 사례 중 하나입니다.

9) 제6계명에서 9계명, 살인하지 말라, 간음하지 말라, 도둑질하지 말라, 거짓 증언하지 말라 등

10) 제5계명, 부모를 공경하라

11) 제1계명부터 4계명, 다른 신을 섬기지 말라, 우상을 만들지 말라, 하느님의 이름을 함부로 부르지 말라, 안식일을 지켜라 등

자연상태

그러면 강제규범으로서의 법은 왜 존재하는가, 법의 존재이유는 무엇인가에 대해서 생각해보도록 하겠습니다. 혹자는 이를 법의 목적(가치) 또는 법의 이념이라고 부르기도 합니다. 그런데 법은 곧 국가 또는 사회의 다른 이름이기 때문에 법의 목적은 곧 국가의 목적이자 사회의 목적이라고 할 수도 있습니다.

법의 존재이유를 알기 위해서는 우선 법이 왜 생겨난 것인지, 그 생성의 측면을 살펴보아야 하고, 그러기 위해서는 법과 국가가 성립되기 이전의 상태 이른바 '자연상태'에 대한 이해가 필요합니다.

'자연상태'에 대한 철학자들의 견해는 대체적으로 이를 긍정적으로 바라보는 입장과 부정적으로 인식하는 입장으로 나눌 수 있습니다.

부정적 입장의 대표자는 토마스 홉스입니다. 홉스가 생각한 '자연상태'는 다름 아닌 '만인의 만인에 대한 전쟁 상태'였습니다. 그는 다음과 같이 말합니다. '이로써 다음과 같은 사실이 분명해진다. 즉 인간은 그들 모두를 위압하는 공통의 권력이 존재하지 않는 곳에서는 전쟁상태에 들어가게 된다는 것이다. 이 전쟁은 만인에 대한 만인의 전쟁이다'(리바이어던 - 교회국가 및 시민국가의 재료와 형태 및 권력 -, 토마스 홉스).

임마누엘 칸트가 본 '자연상태'도 홉스의 생각과 크게 다르지 않습니다. 칸트는 그의 영구평화론에서 '평화 상태는 자연 상태는 아니다. 자연 상태는 오히려 전쟁 상태이다. 다시 말하면 그것은 적대 행위가 언제나 발생한 상태는 아니라 하더라도 적대 행위에 의한 위협을 받고 있는 상태이다. 그 때문에 평화 상태는 만들어지지 않으면 안 된다'고 하였습니다.

그런데 존 로크는 생각이 조금 달라서 '자연상태'는 비교적 자유롭고 평등하며 평화로운 상태라고 보았지만, 그것의 안정적이고 지속적인 향유가 불안하고 불확실하다고 생각하였습니다.

긍정적 입장의 대표자는 장자크 루소라 할 수 있는데, 그는 '자연상태'를 '고립, 자족, 미개의 평화상태'로 보고, 도리어 사적 소유와 사회의 성립으로 인해 경쟁과 적대, 지배와 예속의 '끔직한 전쟁상태'가 되었다고 생각하였습니다.

몽테스키외의 생각도 비슷해서 그는 '자연 상태에서 모든 사람은 물론 평등 속에서 태어난다. 하지만 사람들은 평등 상태에 머무는 법을 알지 못한다. 사회는 이들이 이러한 평등을 잃어버리게 만든다. 이들은 법에 의해서만 다시 평등해질 수 있다'고 말합니다(법의 정신, 샤를루이 드 스콩다 몽테스키외).

이러한 '자연상태'에 대한 이해로부터 법과 국가가 성립한 이유가 설명됩니다.

홉스는 '자연상태(전쟁상태)'로부터 벗어나서 자기를 보존하고 평화를 실현하기 위하여 법과 국가가 성립한다고 생각합니다. 그는 '리바이어던'에서 '천성적으로 자유를 사랑하고 타인을 지배하기를 좋아하는 인간이 정치적 공동체(코먼 웰스) 속에서의 구속을 스스로 부과하는 궁극적인 원인과 목적과 의도는 자기보존과 그로 인한 만족된 삶에 대한 통찰에 있다'고 말합니다.

로크는 '자연상태(평화상태)'의 불안정과 불확실성을 극복하고 스스로의 재산- 생명·자유·자산-을 보존하고 평화를 실현하기 위하여 인간은 사회계약을 체결하고 법과 국가를 성립하며 사회상태에 들어간다고 생각하였습니다. 로크는 '자신들의 생명, 자유, 자산을 보존하기 위해서가 아니라면, 그리고 권리와 재산에 관한 명시적 규칙을 통해서 평화와 안녕을 확보하기 위해서가 아니었다면, 사람들은 자연상태에서의 자유를 포기하거나 사회에 자신들을 구속시키고자 하지 않았을 것'이라고 말합니다(통치론, 존 로크).

반면에 장자크 루소는 '자연상태'가 아니라 '사회상태'의 사적 소유 체제를 유지하고 항구화하기 위해 법이 성립하였다고 생각하였고, 몽테스키외는 '사회상태'의 불평등을 시정하기 위해 법이 성립한다고 보았습니다.

역사적 실재인가

그렇다면 이들이 말하는 '자연상태'나 '사회계약'은 역사적으로 실재하는 것일까요? 정말로 '자연상태'의 인간들이 함께 모여 '사회계약'을 체결하고 법과 국가를 성립시킨 것일까요? 법(국가)은 곧 힘의 결정체이고 따라서 개개인의 힘을 넘어서는 압도적 폭력(권력)이 먼저 축적·형성되고 그 힘으로 법과 국가상태를 실현한 것 아닐까요?

법과 국가가 성립하기 전에도 인류가 존재하였다는 점을 생각하면 자연상태가 순전히 가상의 상태만은 아니라 할 수 있고, 토마스 홉스나 존 로크와 같은 사람들은 '자연상태'의 실재를 논리적으로 증명하려고 시도하기도 하였습니다. 그러나 이 '자연상태'나 '사회계약'은 철학자들이 법과 국가의 성립 및 그 목적을 규명하고 사회상태(정치상태, 법상태, 시민상태)로의 이행을 설명하기 위해 규범적으로 의제한 것으로서 역사적 실재라고 할 수는 없습니다. 만약 '자연상태'가 실재하는 것이라면 역사적 사실은 하나일 수밖에 없는데 철학자들마다 각기 이를 다르게 묘사할 수는 없습니다.

따라서 '자연상태'나 '사회계약'을 역사 속에서 찾는 것은 불가능할 뿐 아니라 무의미합니다. 그 누구보다 '자연상태'를 생생하게 묘사한 루소마저 '아마 존재하지도 않았으며 현재 존재하지도 않으며 십중팔구 결코 존재하지도 않을, 하지만 우리의 현재 상태를 잘 판단하기 위해서는 그에 대한 정확한 지식을 가질 필요가 있는 한 상태'라고 설명하고 있고(인간불평등기원론, 장 자크 루소), 칸트도 '사회계약은 역사적 사실이 아니라 이성의 순수이념'이라고 말하고 있습니다.

그렇다면 이들은 왜 역사적으로 증명할 수도 없고 실재하지도 않는 '자연상태'나 '사회계약'을 그토록 묘사하고 주장한 것일까요? 당시까지 거꾸로 서 있던 법, 거꾸로 서 있던 국가를 바로 세우기 위해서입니다. 그간의 법(국가)은 지배자의 법, 교황과 군주와 귀족의 법이었으며, 이를 국민의 법, 다수의 법, 계약의 법으로 돌려세우기 위해 '자연상태'와 '사회계약'을 앞다퉈 노래했던 것이며, 그로써 근대 자유주의, 민주주의의 서막이 펼쳐지게 된 것입니다.

법은 왜 존재하는가 Ⅱ -법의 목적-

평화와 정의

앞서 법의 생성에서 살펴본 것처럼 근대 철학자들은 법과 국가의 성립 이유를 '자기보존' '만족된 삶' '생명 · 자유 · 자산의 보존' '평화' '사적 소유권의 항구화' '평등'에서 찾았습니다.

따라서 법이 존재하는 원초적 이유는 질서의 유지 또는 평화의 확립이 될 수밖에 없습니다. 이를 다른 말로 법적 안정성이라고 부르기도 하는데, 법 이전의 '이리와 이리의 관계' '자기보존 본능' '자력구제'를 생각하면 법적 안정성은 법의 1차적 존재이유이고 목적이라 할 수 있습니다.

그런데 진정한 평화와 질서는 정의에 기초할 때 실현되고 지속될 수 있습니다. 단지 폭력과 강압에 기반한 질서나 평화는 항구적으로 유지될 수 없으며, 국민의 생명, 자유, 재산, 안전을 지키지 못하는 국가는 존속될 수 없습니다. 불의(不義)한 법, 불공정한 법도 권력의 뒷받침을 받는 한 현실적 효력이 있지만 그러한 법은 끊임없는 저항을 초래하고 궁극적으로 폐지될 수밖에 없습니다.

결국 법의 내용이 문제되는 것이며, 그러므로 법의 또 다른 존재이유는 바로 정의의 구현입니다. 이것이 단순한 폭력(강제)과 법의 근본적 차이점입니다. 돈을 요구하는 강도의 명령과 일정한 세금이나 벌금납부를 요구하는 국가의 명령이 다른 것은 형식적으로는 개인의 명령이냐 국가의 명령이냐, 법에 따른 것이냐 그렇지 않은 것이냐에 있지만 궁극적으로는 그 요구가 정당하고 정의로운 것이냐의 여부에 있습니다. 다른 말로 그것이 국민의 생명·자유·재산을 지키고 보호하기 위한 것이냐의 여부에 있는 것입니다.

그러므로 법이 존재하는 이유, 법이 추구하는 참된 목표는 정의로운 질서의 추구, 정의로운 평화의 실현입니다. 물론 정의라는 개념이 워낙 다의적이고 포괄적인 데다 특히 구체적 정의는 시대마다 그 강조점을 달리하는 것이기에 정의란 과연 무엇인가가 다시 문제되지만, 여기서는 일응 정의란 '사회적 행복의 제 조건들' 이를테면 제1의적 정의인 자유, '같은 것은 같게, 다른 것은 다르게'로 표현되는 평등, '각자의 몫을 각자에게'라는 분배, 사회적 연대와 박애 그리고 평화의 가치를 포괄하는 개념이라고 해두겠습니다.

두 이념의 긴장

문제는 법의 두 이념인 법적 안정성과 정의가 조화를 이루는가 하면 서로 모순·대립하기도 한다는 데 있습니다. 정의가 진정한 질서와 평화에 기여한다는 점에서 양자는 궁극적으로 조화를 이루지만 한편으로 두 이념은 상당한 긴장을 내포하고 있고 법적 안정성을 강조하다보면 정의가 훼손되고 구체적 정의를 강조하다 보면 법적안정성이 훼손되는 관계에 있기도 합니다.

각종 한시법(限時法)이나 특별법, 소급(遡及)입법, 개별사건 법률은 모두 정의의 이름으로 제정되지만 법적 안정성을 심각하게 침해하고,

반대로 법적 안정성을 위해 법률의 개폐를 어렵게 하면 법이 현실과 맞지 않게 되고, 구체적 정의와도 모순·갈등하게 됩니다. 법적 안정성을 위해서는 법규범이 세세하고 명확해야 하지만, 이는 일반·추상성을 본질로 하는 법의 성격상 한계가 있고, 구체적 정의를 실현하는 데 장애가 되기도 합니다.

형사법의 공소시효(公訴時效),[12] 민법의 소멸시효나 취득시효,[13] 점유권의 보호[14] 등은 정의보다 법적 안정성을 우선한 결과이며, 반대로 요건이 추상적인 일반규정(민법 제2조 신의성실의 원칙, 민법 제103조 반사회질서 법률행위 등)을 두거나, 살인죄의 형량처럼 사형부터 집행유예판결까지 가능하도록 그 범위를 넓게 정한 것은 법적 안정성보다 구체적 정의를 고려한 것이라 할 것입니다. 독일의 기소법정주의[15]가 법적안정성을 위한 것이라면 프랑스나 우리나라의 기소편의주의[16]는 구체적 정의와 타당성을 위한 것입니다.

이처럼 법의 두 목적·이념이 상호 모순·대립하는 측면이 있으므로 양자 사이에 어떤 가치, 어떤 이념이 보다 본질적이고 우월한가 하는 논의가 다시 제기되는 것이며, 이 문제는 앞서 본 법과 도덕, 자연법론과 법실증주의와 같은 법철학의 다른 주제와 서로 논리적 연관을

---

12) 검사가 일정기간 공소를 제기하지 않고 방치하는 경우 국가의 소추권을 소멸시키는 제도, 살인죄의 공소시효 25년

13) 일정한 사실상태가 지속되는 경우 그 상태가 진실한 권리관계에 합치하는지 여부와 상관없이 권리를 소멸하게 하거나 발생하게 하는 제도, 일반 채권의 소멸시효 10년

14) 물건을 사실상 지배하고 있는 경우 그 지배를 정당화하는 권리가 있는지를 묻지 않고 사실상의 지배상태를 보호하는 제도

15) 수사결과 범죄혐의가 인정되고 소송조건을 갖춘 때에는 반드시 공소를 제기해야 한다는 원칙

16) 15)와 같은 경우에도 재량에 의한 불기소처분을 인정하는 원칙

갖고 있습니다.

정의 우위론과 법적 안정성 우위론이 그것인데, 정의와 법적안정성 모두 포기할 수 없는 법의 존재이유이자 목적이라 할 것이고, 따라서 이들 이념 중 하나를 손쉽게 택일하는 것보다는 두 이념의 긴장관계를 주시하며 그 조화를 염두에 두는 자세가 필요하고, 다만 궁극에 있어 정의가 뒷받침되지 않은 법적 안정성, 정의가 없는 질서와 평화는 끝내 깨지고 만다는 점은 상기하여야 할 것입니다.

정의란 무엇인가

法哲學

갈등의 원인

플라톤의 대화편에 보면 소크라테스와 에우튀프론간의 다음과 같은 문답이 기록되어 있습니다.

소크라테스: 가령 자네와 내가 어떤 수(數)에 관해서 생각이 다르다고 생각해보세. 생각이 다르다고 해서 그런 일로 우리가 서로 싸우고 서로 노여워하게 될까? 그럴 때는 대뜸 계산해보고 화해하는 것 아닐까?

에우튀프론: 물론 그렇죠.

소크라테스: 또 큰 것과 작은 것에 대해서 생각이 다르면 측정해보고 금방 그 의견차를 해소하는 것 아닐까?

에우튀프론: 그렇지요.

소크라테스: 또 무거운 것과 가벼운 것에 대해서는 저울로 달아 봐서 논쟁을 종결시키지 않을까?

에우튀프론: 그렇습니다.

소크라테스: 그러면 어떤 일로 서로 생각이 달라서 판가름할 수 없을 때에 서로 싸우고 노여워하는 것 아닐까? 옳은 것과 옳지 않은 것, 아름다운 것과 추한 것, 선과 악에 관해서 서로 생각이 다를 때 싸움이 일어난다고 말이야. 이런 일들에 관해서 생각이 서로 다르고 또 의견차를 충분히 해소할 수 없을 때 자네나 나나 또 다른 모든 사람이 서로 다

투게 되는 것 아닐까?

소크라테스의 말처럼 '생각이 다른 것'이 문제가 아니라 '판가름할 수 없을 때' '의견차를 충분히 해소할 수 없을 때' 다툼과 분쟁이 일어납니다.

'수와 크기와 중량'을 다루는 자연과학과 물질의 세계에서는 관찰하고 실험하고 증명하는 것으로 이론의 시비(是非)를 쉽게 가려낼 수 있습니다. 그러나 '옳은 것과 옳지 않은 것, 아름다운 것과 추한 것, 선과 악'을 대상으로 하는 사회과학이나 정신의 세계에서는 그 시비와 진위(眞僞)를 판가름하는 게 어렵거나 심지어 불가능하기도 합니다. 사회적 논쟁이나 정치적 공방이 평행선을 달리고, 공전을 반복하는 이유가 여기에 있고, 자연과학에는 엄밀한 잣대가, 사회과학에는 좀 더 느슨한 잣대가 필요한 것도 그 때문입니다.

정의(正義)의 정의(定義)

앞서 필자는 정의란 사회적 행복의 제 조건들이고, 자유, 평등, 분배, 박애, 사회적 연대, 평화를 포괄하는 개념이라고 했지만 그 또한 유일한 진리라고 단언할 수는 없습니다. 정의는 존재의 문제가 아니라 가치의 영역이어서 재현(再現)이나 입증이 불가능하고, 사람마다 또 시대와 상황에 따라 그 의미가 다르기 때문입니다. 체사레 베카리아는 '정의는 물리적 대상이나 실재하는 존재가 아니다. 그것은 사람들이 사물에 대해 생각하는 방식의 하나이며, 만인의 행복에 무한한 영향을 미치는 방식을 말할 뿐'이라고 하였습니다(범죄와 형벌, 체사레 베카리아).

단적으로 말하면 백인(百人)에게는 백 개의 정의관이 있다고 할 수 있으며, '피레네 산맥 이쪽에서의 정의가 저쪽에서는 부정의'가 될 수도 있습니다. 특정한 종교나 민족, 인종, 이데올로기가 정의라는 근본주의, 극단론도 역사적으로 존재해 왔습니다.

존 롤즈는 '공정'을 정의로 규정하는가 하면 마이클 샌델 같은 사람은 공리주의, 자유, 미덕(공동선)이라는 세 가지 관점에서 정의를 설명하고 있습니다. 더러는 복잡한 설명 필요 없이 '각자가 응분의 몫'을 받는 것이 정의요, 착한 자가 상을 받고 악한 자가 벌을 받는 '신상필벌(信賞必罰)' 이상도 이하도 아니라고 말하기도 합니다.

가령 우리가 '정의에 대한 동경은 곧 행복에 대한 동경'이고 '정의란 사회적 행복, 사회질서가 보장하는 행복'(정의란 무엇인가, 한스켈젠)이라는 데 크게 찬동하여, 필자처럼 정의를 '사회적 행복을 위한 제 조건들' 말하자면 자유, 평등, 분배, 박애, 사회적 연대, 평화 등을 요소로 하는 가치개념이라고 규정하더라도 여전히 문제는 남습니다. 정의를 구성하는 개별 가치마다 다양한 의미를 가지고 있어 그 내용을 확정하기 어려울 뿐 아니라 무엇보다 정의는 시대적 정의이고, 시대에 따라 그 우열과 강조점을 달리하는 것이므로 위 요소들의 단순한 나열이나 합계가 바로 정의가 될 수 없기 때문입니다.

자유와 평등의 다양한 의미

예를 들어 자유를 제1차적 정의, 기본적 정의라고 할 때 자유가 정확히 무엇을 말하는지 명확치 않습니다. 단순히 간섭이나 제약이 없는 상태를 자유라고 할 수 있는 반면 어떤 행위를 할 수 있는 힘이나 능력이 있는 것을 자유라고 해석할 수도 있기 때문입니다. 이른바 형식적 자유와 실질적 자유의 문제입니다. 애덤 스위프트는 그의 책 '정치의 생각'에서 '휴가철에 모든 영국 시민들이 바하마군도에 자유롭게 갈 수 있는가'라는 문제를 들어 이를 설명합니다. 그것을 금하는 법률이 없기 때문에 영국은 그럴 자유가 있다고 말하는 사람도 있지만, 돈이 없는 가난한 사람들은 그림의 떡일 뿐 실질적으로는 그럴 자유가 없다고 말할 수도 있다는 것입니다. 대체로 보수파는 자유를 타인들에 의해 간섭을 받지 않는 상태로 보지만, 진보파는 자유는 그저 내버려둠으로써가 아니라 그대로 놔둘 경우 사람들이 할 수 없는 것들을 할 수 있게 하는 것으로 본다는 것입니다.

평등이나 공정한 분배를 정의라고 할 때도 그것의 진정한 의미가 논란이 됩니다. 예를 들어 여기 빵 한 개가 있다고 할 때, 이를 각자에게 똑같이 나누는 것도 평등이요, 많이 일한 자에게 더 많이 주는 것도 평등이며, 더 배고프고 약한 사람에게 더 많이 주는 것도 평등입니다. 기회의 평등도 평등이고 결과의 평등도 평등이며, 기회의 평등에도 형식적 기회의 평등(능력에 따른 공정한 기회)이 있는가 하면 실질적 기회의 평등(능력격차해소를 위한 공정한 기회)도 있습니다. 똑같이 평등을 이야기하더라도 그 실질적 내용은 이처럼 다른 것이어서 보수파가 능력에 따른 분배, 형식적 기회의 평등을 평등의 의미로 해석한다면 진보파는 실질적 기회의 평등 또는 결과의 평등을 평등이라고 생각합니다.

능력에 따른(일한 만큼) 분배가 진정한 평등이라 하더라도 어느 정도 분배하는 것이 능력에 합당한 분배인지도 문제입니다. 그 능력이 오로지 자신의 노력에 의해 성취된 것이라고 볼 수 없기 때문입니다.

말콤 글래드웰은 그의 책 '아웃라이어'에서 성공의 조건으로 우연, 기회, 노력을 들고 있습니다. 캐나다의 유명한 아이스하키선수를 분석해보았더니 많은 수의 선수들이 1월에서 3월 사이에 출생한 사람들이었는데, 이들은 조금 일찍 출생한 우연으로 또래보다 신체조건과 운동능력이 뛰어나 어려서부터 두각을 나타내게 되었고, 그러다보니 훌륭한 지도자와 교육 시스템하에서 보다 체계적인 엘리트 교육을 받을 기회를 얻었으며, 여기에 1만 시간의 법칙으로 불리는 노력이 곁들여져 유명선수가 되기에 이르렀다는 것입니다. 결국 한 사람의 성공은 우연, 기회, 노력의 결과물이라는 말인데 이 중 우연이나 기회는 개인의 의지나 노력과는 별 관련이 없는 것입니다. 따라서 성공한 사람들이 받는 엄청난 보수가 전부 그 자신의 노력에 따른 것이고 응분의 몫이라는 주장은 성립하기 어려운 면이 있습니다.

가치들의 질서와 조화

더 어려운 문제는 정의를 구성하는 제 가치들은 서로 우열을 다투거나 상호 모순·갈등하기도 하기 때문에 각 가치들 사이에 질서 있는 조화를 찾기가 쉽지 않다는 점입니다. 제2장에서 '절대적 가치는 존재하는가'라는 주제로 따로 살펴보겠지만 생명과 자유처럼 무엇이 본질적 가치이고 더 우선하는지 여전히 논란이 되는 주제가 있는가 하면, 자유와 평등처럼 어느 하나를 강조하면 다른 하나가 침해·훼손되는 관계도 상정할 수 있기 때문에 각 가치 사이의 우열관계는 어떠하고 그 한계는 어디까지인지, 상이한 가치들이 어떻게 조화되어야 하는지 정하는 것은 매우 난해한 문제입니다.

이 문제와 관련해 많은 시사점을 주고 있는 것이 미국의 철학자 존 롤즈의 정의에 관한 원칙입니다. 그는 평등한 기본적 자유를 정의의 제1원칙으로, 공정한 기회와 약자(최소수혜자)의 부양을 제2원칙으로 보았고, 제1원칙이 제2원칙에 우선하고 제2원칙 간에는 공정한 기회가 약자의 부양에 우선한다고 보았습니다(애덤 스위프트, 정치의 생각). 다시 말해 정의로운 사회는 1차적으로 사회구성원들에게 똑같은 기본적 자유(표현·종교·결사·직업 등)를 부여해야 하고, 사회·경제적 불평등은 모든 시민들이 공정한 기회의 평등을 누리고, 장기적으로 사회적 약자(최소수혜자)들의 상황을 가장 많이 개선시켜줄 수 있는 조건에서만 정당화된다고 보았습니다.

결국 정의란 자유, 평등, 분배, 박애, 사회적 연대, 평화 등 인간이 평화롭고 행복하게 살아가는 데 필수적인 제 가치가 그 시대의 정의관, 시대정신에 따라 질서 있게 조화를 이루는 것이라 할 것이고, 그 질서와 조화를 결정하는 것은 공동체 구성원들의 의사, 이른바 일반의지라 할 수 있습니다.

그렇다면 오늘날 우리 사회의 정의관은 무엇이고 우리 국민의 일반의지는 어떤 것일까요? 그것의 총화가 바로 일반의지의 표현이라고 할 법, 특히 최고규범인 헌법이며, 우리 헌법은 인간의 존엄과 가치, 자유, 평등, 평화, 법치주의, 민주주의, 사회국가를 포기할 수 없는 원칙이자 정의라고 선언하고 있고, 그 모두를 아우르는 핵심가치는 한마디로 '인간의 존엄과 가치, 행복추구권'이라 할 것입니다.

법이 지켜지는 이유는 무엇인가

法哲學

법의 효력근거

살인하지 말라 또는 도둑질하지 말라는 형법 규정에 대해서 이의를 달 사람은 별로 없습니다. 형사 처벌이 아니더라도 그와 같은 행위가 비도덕적이고 반사회적인 행위로써 용납될 수 없다는 것은 누구나 알고 있습니다.

그러나 현실에는 만인이 모두 동의하고 인정하는 법만 있는 것이 아닙니다. 낙태, 간통, 성매매, 도박, 총기소지, 근친상간, 대마(마리화나) 범죄처럼 여전히 논란이 되는 법도 있고, 금주법이나 독신세(獨身稅)법처럼 악법도 존재합니다.

또 같은 법률이라도 각자의 처지와 상황에 따라 그 반응이 다르고 호불호(好不好)가 다를 수도 있습니다. 근로기준법이나 공정거래법을 좋아할 사용자나 독·과점기업은 별로 없습니다. 입법목적 자체가 '근로자의 기본적 생활을 보장·향상'시키거나 '사업자의 시장지배적 지위의 남용과 과도한 경제력의 집중을 방지'하는 데 있기 때문입니다.

'세법'도 마찬가지입니다. 법률의 개정으로 세 부담이 증가하는 쪽은 당연히 증세법안에 반대하고, 재분배의 혜택이 늘어나는 쪽은 찬성합니다. 정치인들만이 필요에 따라 증세와 감세를 넘나들고 대체로 선거 전에는 감세론자, 당선 후에는 증세론자가 될 뿐입니다.

이처럼 어떤 법률을 찬성하는 사람도 있고 반대하는 사람도 있지만 그러나 일단 법이 제정되면 대다수 사람들은 법을 지키고, 그 법은 통용되고 효력을 발휘합니다. 개인이나 집단의 호불호에도 불구하고 법이 지켜지고 통용되고 효력을 발휘하는 근거는 도대체 무엇일까요? 이것이 이른바 법의 효력근거에 관한 문제입니다.

켈젠의 근본규범

대표적 법실증주의자인 한스 켈젠은 하나의 규범(법)이 효력을 갖는 근거를 '상위규범의 유효성과 효력'에서 찾습니다. 즉, 어떤 규범이 유효한 상위규범에 부합하게 제정되면 효력을 갖는다는 것입니다. 그렇게 보면 명령이나 규칙의 효력근거는 그 상위규범인 법률의 유효성과 효력에 있고, 법률의 효력근거는 헌법의 유효성과 효력에 있게 됩니다. 헌법의 효력근거를 찾는다면 그전 헌법의 유효성과 효력이 등장할 것이고, 그렇게 계속 효력근거를 찾다보면 최초 제정된 헌법의 유효성과 효력에 이르게 될 것입니다.

그러면 최초 제헌 헌법의 효력근거는 어떻게 되는 것일까요? 논리적으로 보면 제헌 헌법의 상위규범을 찾아 올라가야 할 텐데 현실적으로 헌법보다 상위규범을 발견하기 어렵고 또 발견한다 하더라도 그 상위규범의 상위규범을 또 찾아야 하는 끝없는 순환론에 빠지게 될 것입니다. 그래서 켈젠은 제헌 헌법을 제정한 사람들이 규정한 대로 행동하여야만 하고, 이것이 법질서의 근본규범이며, 이 근본규범의 효력근거를 찾는 것은 더 이상 무의미하다고 일방적으로 선언합니다(노베르트 회르스터, 법이란 무엇인가).

조금은 허망한 결론입니다. 말하자면 화살표를 계속 따라갔더니 최후에 '뭘 봐'라고 씌어있는 화장실 낙서를 보는 것 같은 기분마저 듭니다.

법의 효력근거에 관한 켈젠의 견해는 분명 법질서가 상위법에서 하위법에 이르기까지 효력의 사슬로 연결되어 있고, 위계질서를 가진 하나의 단일한 체계라는 것을 설명해주는 장점이 있습니다. 반면 헌법은 최상위규범인데 헌법보다 상위의 규범을 인정할 수 있는가, 시대에 뒤떨어진 최초 헌법이 현행 헌법의 상위규범이 될 수 있는가, 근본규범의 실체는 무엇이고, 그것이 당연히 효력을 갖는 근거는 무엇인가, 근본규범과 켈젠 자신이 부인해마지 않는 자연법은 어떻게 다른가, 근본규범을 전제하면 모든 헌법 및 그 하위법들은 당연히 그 효력이 긍정될 수밖에 없지 않은가 하는 수많은 반문이 제기되었습니다.

이처럼 켈젠의 이론이 근본규범이란 비실증적 규범에 이르고 스스로 논리적 모순에 빠지게 된 것은 그가 당위와 존재를 엄격히 구분하고 법으로부터 일체의 사실적, 사회적, 심리적 요소를 배제하려는 법학방법론을 완강하게 고수하려 하였기 때문입니다. 법의 효력근거에서 사실적이고 사회적이며 심리적인 요소를 배제하려다 보니 오로지 규범(상위법)에서만 그 효력근거를 찾을 수밖에 없었고, 그러다보니 실재하지 않는 근본규범이라는 것까지 가정하게 된 것입니다.

강제설, 승인설, 정의설

그런데 우리가 법의 효력근거를 찾는 것은 그렇게 어려운 문제가 아닙니다. 당장 사람들에게 '당신은 왜 법을 왜 지키는가'라고 물으면 아마도 '지키지 않으면 제재가 따르기 때문'이라거나 '스스로(또는 대표가) 제정하고 동의하고 승인한 것이기 때문'이라거나 '정당하고 옳으니까'라거나 그도 아니면 '질서유지와 평화를 위해서'라고 대답할 것이고, 이와 같은 단순한 대답 속에 충분한 답이 있습니다.

이처럼 법이 통용되는 근거를 학문적으로 설명하기 위해 등장한 것이 강제설(실력설), 승인설(동의설), 정의설(정당성설) 등의 학설입니다. 강제설은 말 그대로 국가권력이 힘과 실력으로 법의 준수를 강제하기 때문에 법이 효력을 갖는다는 것이고, 승인설은 사회구성원들이 스스로 또는 대표를 통해 법을 제정하고 그 지배에 동의(승인)하였기 때문에 법이 효력을 갖는다는 것이며, 정의설은 법이 정당하고 정의를 실현하는 것이기에 효력을 갖는다는 것입니다.

법의 본질이 강제규범이라는 점과 국민의 동의와 승인을 결한 불의(不義)의 법도 얼마든지 현실적인 규범력이 있음을 고려하면 법의 효력근거에 관한 강제설의 입장은 여전히 설득력이 있습니다. 그러나 오로지 폭력과 강제에 기반한 질서는 오래 지속될 수 없다는 점에서 또 현대 민주정치 아래서는 국민이 입법기관을 스스로 선출하고 국민의 뜻이 입법을 통해 실현된다는 점에서 승인설과 정의설의 가치 또한 날로 높아지고 있습니다. 로베르트 알렉시는 '어떤 것이 법이라 불리고 법으로서 효력을 갖기 위해서는 규정에 따른 제정성, 사회적 실효성과 함께 내용적 정당성을 갖추어야 한다'고 주장합니다(법의 개념과 효력, 로베르트 알렉시).

따라서 오늘날에 있어서는 법의 효력근거에 관한 제 학설은 역사적 의미를 가질 뿐 어느 한 가지 설만이 전적으로 옳다고 할 수는 없으며, 이들 여러 이유가 상호 복합적으로 작용해서 법이 효력을 갖는다고 할 것입니다. 즉, 우리는 법이 무서워서 지킬 뿐 아니라, 스스로 승인하고 동의한 것이어서 또는 내용이 정당하고 정의실현을 위해 필요해서 지켜왔던 것이며, 이제는 법을 지키는 것이 하나의 관행, 불문의 문화가치로 정착되어 법을 지키는 것입니다.

요소들의 관계

그러나 이는 매 시기, 모든 법률에서 '강제' '승인' '정의'의 세 요소가 균등하게 기능한다는 것을 의미하는 것은 아닙니다. 법이 소수 특정 계급의 이해를 대변하던 시대에는 강제적 요소가 주요한 법의 효력근거였으며, 오늘의 국민주권 시대에는 승인, 정의의 요소가 주요한 법의 효력근거로 작동하고 있습니다. 앞서 본 각종 사회법(근로기준법, 노동법, 공정거래법)처럼 같은 법률이지만 계급·계층에 따라 그 효력근거가 다를 수도 있습니다.

또 '강제'가 법의 타율적, 수동적 효력근거라면 '승인' '정의'는 자율적, 능동적 효력 근거라 할 수 있고 이들 간에는 자율적·능동적 요소(승인, 정의)가 크면 타율적·수동적 요소(강제)가 작아도 법이 규범력을 유지하는 반면, 자율적·능동적 요소가 작으면 타율적·수동적 요소가 커야 규범력이 유지되는 반비례 관계가 작용합니다.

이처럼 우리가 법을 지키고 법이 효력을 갖는 근거에는 순전히 타율적, 수동적 측면만 있는 것이 아니라 자율적, 능동적 측면이 함께 있는 것이며, 구성원의 자율적, 능동적 지지를 받는 법은 오랫동안 규범력을 지속하며 결과적으로 법적 안정성에도 기여하게 됩니다.

실정법만 법인가

안티고네의 항변

현실의 법은 인간이 만드는 것이고, 완전무결할 수 없습니다. 입법자가 예상치 못한 법의 공백이나 흠결이 있을 수 있고, 법 규정들 상호 간에 모순·충돌이 발생하기도 합니다. 우리 헌법이 '국민의 자유와 권리는 헌법에 열거되지 아니한 이유로 경시되지 아니한다'고 하거나 민법 제1조가 '민사에 관하여 법률에 규정이 없으면 관습법에 의하고 관습법이 없으면 조리(條理)에 의한다'고 규정하고 있는 것도 모두 법의 흠결이나 불완전성을 전제로 한 조항들입니다. 그러나 법에 흠결이나 모순이 있다고 해서 판결을 거부할 수는 없고 따라서 '실정법만 법인가'라는 질문이 자연스럽게 등장하게 됩니다.

때로는 인간의 본성이나 합리적 이성에 부합하지 않는 악법이 제정되어 맹위를 떨치기도 하고, 현실의 법이 개인의 신념이나 가지, 종교규범과 격렬히 충돌하기도 합니다. 이러한 때 또한 '실정법만 법인가'라는 의문을 강하게 제기하게 됩니다.

이를테면 '안티고네'의 항변이 그 대표적 경우입니다. 소포클레스의 희곡 '인티고네'는 오이디푸스의 딸 인디고네가 데베의 왕 그레온의 명령(법)을 어김으로써 발생한 운명적인 비극에 관한 이야기입니다. 안티고네는 오빠(폴류네이케스)를 매장하거나 조상(弔喪)하지 말라는 크레온의 명을 어긴 죄로 바위굴에 갇혀 끝내 죽음을 택하고, 그 뒤를 따라 안티고네의 약혼자이자 크레온의 아들 하이몬과 하이몬의 어머니이자 크레온의 아내 에우류디케마저 자결로 생을 마감하게 됩니다.

자신의 우둔과 고집이 낳은 연쇄적 비극 앞에서 절규하는 크레온의 모습으로 끝을 맺는 이 아름답고 슬픈 이야기는 한편으론 법이란 무엇인가, 실정법만 법인가라는 또 다른 질문을 우리에게 던지고 있습니다.

크 레 온: 매장을 금한다는 포고를 알고 있었느냐?

안티고네: 네 알고 있었습니다. 제가 그 명령을 지킬 수 있었을까요?

크 레 온: 그렇다면 네가 정녕 그 법을 감히 위반했다는 말이지?

안티고네: 네, 그 법은 제우스 신께서 만든 법이 아니니까요. 하계의 신들과 함께 계신 정의의 신도 이런 법을 세상에 반포하신 적이 없습니다. 인간의 글로 쓰이지는 않았으나 영원한 하늘의 법을 어길 수 있을까요? 저는 왕께서 정하신 법이 하늘의 법과 같은 힘을 지니고 있다고는 생각지 않습니다. 하늘의 법은 어제, 오늘에 생긴 것이 아니며 아무도 그 법이 언제 생겼는지 알지 못합니다. 저는 인간의 자존심은 두려워하지 않지만 신 앞에서 하늘의 법을 어겼노라고 대답할 수는 없습니다.

자연법론과 법실증주의

자연법론과 법실증주의는 바로 이러한 질문에 대한 서로 다른 대답입니다. 법철학은 위 두 이념의 대립·투쟁의 역사라고 할 만큼 위 두 사조(思潮)는 법철학상의 제 문제에서 충돌하고 견해를 달리하고 있습니다(법철학, 최종고).

그러나 사실 자연법론과 법실증주의는 법철학계의 독자적인 주장이나 새로운 발견은 아니며 서양철학의 큰 흐름이 법철학 분야에 침투하여 변형된 것입니다. 소크라테스와 플라톤 이후 서양철학은 오랫동안 현상과 본질, 감각과 지각, 그림자와 이데아(실체)처럼 눈에 보이는 불완전한 현상계의 배후에 지성(知性)에 의해 파악되는 영원불멸의 근본적인 세계가 있다는 인식이 주류를 이뤄왔습니다. 그러다가 근대에 들어서서 과학의 발달과 함께 관찰, 실험 등으로 검증 가능한 사실 외에 초감각적, 초경험적 실재를 부정하는 실증주의철학이 대두하게 되었으며, 이런 철학사의 흐름에 따라 자연법론과 법실증주의가 순차로 등장하여 서로 대립구도를 형성하게 된 것입니다.

자연법론이란 실정법만이 법의 전부는 아니요, 실정법의 상위 또는 배후에 이를 초월하는 자연적 원리나 절대적 가치, 이른바 자연법이 있다는 것이며, 따라서 실정법이 이와 같은 자연법에 반하는 경우에는 그 효력이 부인된다는 이론입니다. 물론 여기서 자연적 원리나 절대적 가치, 이른바 자연법이 무엇인가 하는 것이 문제로 되고 그에 따라 다양한 자연법론이 등장하며, 자연법론자들은 이를 자연의 원리, 신의 섭리, 사물의 본성, 조리, 이성, 천부인권 등으로 설명하기도 합니다.

이에 반해 법실증주의란 현존하는 실정법만이 법이요, 이를 초월한 자연적 원리나 절대적 가치, 이른바 자연법을 인정할 수 없다는 것이며(설령 존재한다 하더라도 이를 인식할 수 없으며), 따라서 제정절차에 근본적 흠결이 없는 한 실정법은 법으로서 효력이 있고, 법 이외의 것으로서 함부로 법의 효력을 부인할 수 없다는 것입니다.

한마디로 자연법론은 본래부터 있는 법, 또는 있어야 할 법이 실정법의 제정을 통해 발견되는 것이라고 보는 반면, 법실증주의는 법제정절차에 의해서 비로소 법이 창설되는 것이라는 입장이며, 자연법론이 법 이외의 것으로서 실정법의 내용(도덕, 정의)을 문제 삼는 반면 법실증주의는 실정법 그 자체의 독자성, 실효성을 중시하는 이론입니다.

이는 서양의 법사상을 기준으로 한 것이지만 동양(중국·한국)의 경우 이른바 천도(天道), 왕도(王道), 인(仁), 예(禮)를 중시하고, 주례보형(主禮補刑), 형즉법(刑卽法) 사상을 오랫동안 견지해왔다는 점에서 이념적으로는 자연법론의 큰 테두리 내에 있었다고 할 것입니다.

이와 같은 일반적인 자연법론과는 다르지만 충분히 음미하고 경청할 가치가 있는 것이 론 풀러의 독특한 자연법론입니다. 통상적인 자연법론이 실정법의 배후 또는 상위에 자연법이라고 하는 초실정적 법이 존재한다고 보는 반면에 풀러는 법 자체의 고유한 덕성[17]을 자연법으로 보았는데, 이런 풀러의 견해를 일반적인 자연법론(외재적, 실체적 자연법)과 대비하여 내재적, 절차적 자연법론이라 부르기도 합니다. 아무튼 풀러에 따르면 위 8가지 덕성을 갖추지 못한 법은 온전한 법이라 할 수 없으며, 이와 같은 풀러의 생각은 오늘날에도 좋은 법과 나쁜 법을 가르는 하나의 기준이 될 수 있을 것입니다.

진보와 보수?

앞서 본 것처럼 자연법론이 자연법이라는 상위규범을 상정하여 실정법의 내용, 정당성을 문제삼고 자연법에 반하는 실정법의 효력을 부인하는 반면 법실증주의는 법 제정절차[이를테면 수권(受權)의 결여

17) 법은 일반적이고, 공포되어야 하며, 명확해야 하고, 상호 모순이 없어야 하며, 소급하지 않아야 하고, 지속성이 있고, 가능한 것이어야 하며, 선언된 것과 공권력의 행사는 일치하여야 한다.

등]에 결정적 하자가 없는 한 실정법의 효력을 긍정하는 까닭에 자연법론이 일응 진보적 입장으로, 법실증주의가 보수적 입장으로 오해될 수도 있습니다. 특히 나치즘의 혹독한 전제정치와 광기, 인종말살을 겪으면서 법실증주의는 악법의 효력을 인정하고 나치즘과 독재를 옹호하였다는 오명을 쓰게 되었고 법실증주의에서 자연법주의로의 대전환이 모색되기도 하였습니다.

그러나 자연법론이 진보이고, 법실증주의가 반드시 보수라고 단언하기는 어렵습니다. 발생사적으로 보면 고대로부터 근대 초기까지 법철학의 주류를 형성한 것은 자연법론이었고 이들은 주로 자연의 원리, 신의 섭리를 자연법으로 간주하였습니다. 그러나 어떤 자연적 원리가 자연법인지 또 자연계의 법칙성이 사회생활—법—의 영역에도 그대로 적용될 수 있는 것인지 명쾌하게 설명하지 못하였으며, 실정법의 배후에 신법(神法), 신의 섭리가 있다는 중세의 자연법에 이르러서는 오랜 신정(神政)체제와 봉건질서를 유지하는 수단으로 기능하였고, 이성의 암흑기를 초래하였습니다.

자연법의 역설과 가치

자연법주의에 대해서는 세대와 지역, 이념을 초월한 보편타당한 자연법이 과연 존재하는지, 그 자연법이 실정법질서와 같은 구체적 규율성을 갖는 것인지, 각자가 자신이 인정하는 자연법으로 실정법의 효력을 부인하려고 할 경우 평화와 질서가 유지될 수 있는지 하는 근본적인 법철학적 의문이 제기됩니다(법사상사, 이재승·이상영).

특히 자연법주의는 자연법이라는 이름으로 법 이외의 것(윤리, 종교, 신념, 이데올로기, 민족, 인종)의 법에 대한 간섭을 허용하여 법의 순수성, 법적 안정성을 침해할 위험이 있고 특히 특정한 종교, 이데올로기, 인종, 민족을 자연법과 동일시하는 근본주의에 이르러서는 사회를 획일화·전체주의화할 가능성도 내포하고 있습니다. 이와 관련해 덴마크 법철학자 알프 로스는 '자연법은 창녀와 마찬가지로 누구에게나 몸을 맡긴다. 자연법을 원용하여 옹호할 수 없는 이데올로기란 없다'고 말한 바 있습니다. 또 자연법은 실정법의 부인근거이면서 동시에 정당화 근거인 까닭에 상황에 따라서는 부당한 실정법에 자연법적 권위를 부여하여 그 개폐를 어렵게 하기도 합니다.

그런 점에서 법과 그 밖의 것들의 분리를 주장하는 법실증주의가 오히려 도덕, 종교, 신념, 이데올로기로부터 법의 오염을 막아 자유주의와 법치주의를 옹호하는 이론으로 기능할 수도 있는 것이며, 특히 현대의 실정법은 제정법의 결함과 한계를 스스로 인정하고 이를 시정할 절차와 방법(위헌법률심판, 청원권, 시민불복종권, 저항권 등)을 규정하는 등 부단한 개선을 이뤄왔기 때문에 법실증주의적 태도가 반드시 보수적 입장이라고 단언할 수 없습니다.

동성애에 대한 보호 내지 관용은 일응 진보적 태도로 여겨지고 있는데 법실증주의에 따르면 아무런 문제가 없으나 자연법론으로는 그 정당성과 실효성의 근거를 찾기 어렵습니다(법은 사회의 브레이크인가, 엔진인가, 에마뉘엘 피라). 또 일부의 오해처럼 법실증주의자들이 모두 악법의 준수를 주장하는 것도 아닙니다(p.84~96, '악법은 법인가' 참조).

따라서 자연법을 실정법에 대립하는 독자적 규범으로 간주하고 그 실체가 무엇인가 규명하려는 것보다는 현실적으로 자연법이 실정법을 대체할 수 없는 것이 분명한 이상 법실증주의적 태도를 기본으로 하면서 다만 그 어떤 것도 법으로 제정될 수 있고 효력이 있다는 실정법 만능주의를 경계하고 실정법의 한계나 울타리로서 자연법적 문제의식을 견지하는 것이 중요하다 할 것입니다. 결국 자연법은 그 자체로 독자적 효력을 갖는 또 하나의 법이라기보다는 실정법을 지키는 파수꾼, 불침번의 역할을 하는 것이라 할 것입니다.

국가란 무엇인가

국가에 관한 몇 가지 논쟁

앞서 법을 개념정의한 바 있는데 법이란 무엇인가라는 질문은 곧 국가란 무엇인가라는 질문과 동전의 양면관계에 있습니다. 법은 국가를 통해 그 효력을 실현하고 국가는 법을 통해 정당성과 합법성을 취득하기 때문입니다. 법과 국가는 정신과 육체, 소프트웨어와 하드웨어처럼 서로 일체가 되어 기능하며 따라서 법의 성격이 국가의 성격이고 국가의 역할이 곧 법의 역할이라 할 수 있습니다. 법철학이 국가학을 그 중심테마로 하지 않을 수 없는 이유입니다.

국가와 법이 이처럼 상호 밀접한 관계에 있기 때문에 국가와 법은 같은가 다른가 하는 국가와 법의 관계 문제가 대두됩니다. 켈젠 같은 사람은 '국가가 법의 창조자임과 동시에 총체적인 법 상태 자체'라는 점에 착안하여 법과 국가의 동일성을 주장하기도 합니다. 그러나 조직(체계)성을 본질로 하는 국가와 규범성을 본질로 하는 법이 동일하다고 할 수는 없으며 국가는 법뿐 아니라 국민, 영토, 주권, 통치구조, 전통, 문화, 관습, 상징, 감정 등 여러 요소가 복합적으로 결합되어 사회적·역사적으로 형성된 실체이기 때문에 법은 국가의 규범적 구성요소, 국가를 구성하는 상부구조의 하나라 할 것입니다.

시원(始源)에 있어 국가(힘)가 먼저인가 법이 먼저인가 하는 논란도 있습니다. 마치 닭이 먼저인가 달걀이 먼저인가처럼 국가와 법의 역사적·시간적 선후를 따지는 것인데, 법이 제정성과 강제성을 본질로 하는 점에 비추어보면 논리적으로는 우월적 폭력으로서의 국가(권력)가 먼저 성립된 후 법이 제정되어 그 질서를 전면화·공고화한다고 보는 것이 타당할 것입니다.

국가에 관한 더욱 중요한 논의는 국가가 이성의 창조물인가 자연발생적 질서인가, 단순한 도구인가 유기체인가, 국가가 개인을 위해 존재하는가, 개인이 국가를 위해 존재하는가 하는 것입니다. 바로 위 논의로부터 자유주의 국가관(법률관)과 공동체주의 국가관(법률관)이라는 큰 사상적 흐름이 형성되고 서로 대립하게 됩니다.

자유주의자들에게 국가는 '우연'이고 '개인을 위해 존재'하는 것이며, 국가는 개인의 생명·자유·재산을 보호하기 위한 '단순한 도구'이자 '이성의 산물'이며 '자유의 보증인'입니다.

반면 공동체주의(권위주의)자들에게 국가는 '필연'이며, '개인이 국가를 위해 존재'하고, 국가는 '계약의 산물'이나 '단순한 도구'가 아니라 '자기목적성과 정당성을 갖는 엄연한 유기체'입니다. 논란의 여지가 있지만 '국가를 합법칙성과 필연성을 가진 이성적 실체'로 파악했던 헤겔과 같은 사람도 크게 보면 공동체주의자의 범주에 포함할 수 있습니다.

그렇다면 이와 같은 견해 중에서 무엇이 더 진실에 부합하는 것일까요? 여기서 중요한 것은 역사적 사실과 규범적 의제를 혼동해서는 안 되며, 신념을 과학으로, 당위를 존재로, 세계관을 세계 그 자체로 강변해서는 안 된다는 것입니다(법사상사, 이상영·이재승). 앞서 '자연상태'와 '사회계약'이 역사적 실재가 아니라 법과 국가의 성립 및 그 목적을 설명하기 위해 규범적으로 의제된 상태라고 하였듯이 발생사적으로 볼 경우 국가는 분명 우월적 폭력의 축적, 힘의 질서로서 태동한 것이고 따라서 이를 이성의 창조물이나 사회계약의 산물이라고 볼 수는 없습니다. 마찬가지로 국가가 단순한 도구였거나 오로지 개인을 위해 존재해온 것이라고 말할 수도 없습니다.

그러나 사실의 문제와 당위의 문제는 차원을 달리하는 것입니다. 국가가 역사적으로 계약이나 이성에 의해 창조되지 않고 폭력의 축적에 의해 자연적으로 생성되고 발전된 질서라고 해서 국가가 자유의 보증인이 될 수 없거나 개인을 위해 존재할 수 없다는 것은 아닙니다. 그 역사적 출발이 어떠하든 국가는 사회구성원의 새로운 '계약'이나 '합리적 이성'에 의해 얼마든지 재구성될 수 있고 또 되어야 하며, 마땅히 담당하여야 할 자신의 기능과 역할을 다해야 하기 때문입니다.

폭력의 독점체, 강제기구

그렇다면 국가 그 자체의 본질은 무엇일까요? 국가로부터 다른 모든 수식어나 외피, 장식을 제거하면 무엇이 남는 것일까요? 국가의 본질은 무엇보다 폭력기구, 폭력의 독점체라는 데 있습니다. 이는 막스 베버나 레프 톨스토이 같은 사람의 통찰로서 오늘날 이러한 국가관에 의문을 제기하는 학자나 이론가는 없다고 해도 과언이 아닙니다. 막스 베버는 '국가를 그 활동의 내용을 통해 정의하는 것은 불가능하고 국가에 고유한 특수수단에 착안하면 가능해진다'는 전제하에 국가를 '일정한 영역의 내부에서 정당한 물리적 폭력행사의 독점을 요구하는 인간공동체' 또는 '정당한 것으로 간주되는 폭력행사라고 하는 수단에 의해 지탱되는 인간의 인간에 대한 지배관계'라고 정의한 바 있습니다(직업으로서의 정치, 막스 베버).

이처럼 국가의 실체, 뼈대는 폭력기구, 강제조직이라는 점입니다. 국가는 모든 사인, 단체의 폭력을 금지하는 대신 스스로 배타적이고 독점적인 폭력을 행사합니다. 경찰, 군대, 교도소라는 물리적 요소와 법률이라는 규범적 요소에 의해 항상적이고 합법적인 폭력을 행사하는 기구가 바로 국가입니다. 국가의 범위도 이와 같은 배타적이고 독점적인 폭력이 미치는 영역(영토와 주민)을 단위로 하여 획정됩니다.

현대 민주국가에서 최고 규범인 헌법에 권력분립, 법치주의, 적법절차, 민주주의, 복수정당제와 같은 제도를 명시하고, 신체의 자유·언론의 자유, 표현의 자유 등 각종 기본권을 보장하고 있는 것은 국가가 본질적으로 폭력의 독점체라는 사실 및 독점적 폭력은 언제든 남용의 위험이 있다는 점에 근거하여 국가권력의 남용을 견제하고 통제하기 위한 것입니다.

물론 이처럼 국가가 폭력을 독점하고 사인의 폭력이 금지된다고 하여 모든 폭력이 언제나 불법시되는 것은 아닙니다. 스포츠화된 폭력(권투, 레슬링, 이종격투기 등)이나 살인의 흉기를 휘두르는 자에게 상해를 가한 경우처럼 예외적으로 정당방위가 인정되는 경우가 그것입니다. 우리 형법 제21조는 '자기 또는 타인의 법익에 대한 현재의 부당한 침해를 방위하기 위한 행위는 상당한 이유가 있는 때에는 벌하지 아니한다'고 규정하여 이를 위법성조각사유(무죄의 사유)로 규정하고 있는데, 이러한 행위는 인간의 자연스런 자기보호본능의 발로이고, 정의관념에 부합하며, 국가공권력의 발동을 기다려서는 급박한 침해를 막을 방법이 없기 때문에 인정되는 것입니다. 그러나 이는 어디까지나 예외적인 것일 뿐 폭력의 독점체로서 국가의 성질에 영향을 주는 것은 아닙니다.

법의 쌍둥이, 국가

그러나 강제(폭력)기구로서의 국가 또한 법이 그러한 것처럼 고정·불변하는 것이 아니라 역사의 진전과 시대의 변화에 따라 점차 변화·발전하여 왔습니다. '군주국가'에서 '귀족국가' '계급국가'를 거쳐, '국민국가'로 주권이 변동해왔고, 이에 따라 국가의 성격과 기능도 '지배계급의 도구'에서 '자유의 보증인' '생명·자유·재산의 보장자'를 넘어, '인간의 존엄과 가치의 수호자' '인간다운 생활의 보장자'로 변모하였습니다(법, 정의, 국가, 아르노 기그).

이러한 국가의 변화·발전은 법의 변화·발전과 동시성을 갖는 것이며, 그 변화를 추동한 것은 역시 지배적인 힘, 의지(사상, 신념, 가치관)의 변화입니다. 현대의 국가가 국민국가이고 사회보장국가라는 말은 적어도 이념적으로는 사회를 구성하는 국민다수가 주권자이고 그들의 이익과 요구가 지배적인 의지를 형성하는 시대라는 것을 의미합니다.

그렇게 보면 국가는 '법의 변화·발전과 동시성을 갖는 폭력기구, 폭력의 독점체'라고 정의할 수 있고, 법과 이란성 쌍생아의 관계에 있음을 알 수 있습니다.

인간은 어떤 존재인가

인간은 모순적 존재

이제 법은 그 규율대상인 인간을 어떻게 바라보고 있는가 하는 점을 살펴보도록 하겠습니다. 말하자면 법률적 인간관이라 할 것인데, 이것으로부터 사법(私法)의 기본태도, 사회법(근로기준법 등)의 등장 배경을 알 수 있으며, 특히 어떠한 인간관을 취하는가에 따라 양형(量刑)이라든가 형사정책 등에서 큰 차이를 보이므로 매우 중요한 주제입니다.

그런데 인간이란 어떤 존재인가를 규명하는 것은 어떤 면에서 법이란 무엇인가를 규명하는 것보다 어려운 일이고, 이 책의 범위를 훨씬 벗어나는 일이기도 합니다. 장 자크 루소의 말처럼 '인류의 모든 지식 중에서 가장 유익하면서도 발전이 가장 덜 된 것이 곧 인간에 관한 지식'일지도 모릅니다. 따라서 여기서는 인간에 대한 통상적인 정의를 토대로 인간의 모순적 성격을 확인하는 데 그치도록 하겠습니다.

인간에 대해 다수가 합의할 수 있는 정의는 '인간은 이성적 동물'이라는 것입니다(마틴 골딩, 법철학). '생각하는 갈대'나 '정치적 동물'이라는 말도 같은 의미로 해석할 수 있습니다. 그런데 '이성(理性)성'과 '동물성'은 인간을 정의함에 있어 불가결한 두 요소이지만 한편으론 서로 모순적입니다. 인간이 '이성적 동물'이라는 말은 인간은 이성의 지배를 받지만 동시에 본능의 지배를 받는 존재라는 말이자, 뒤집어보면 전적으로 이성의 지배에 따르지도 전적으로 본능의 지배에 따르지도 못하는 존재라는 것에 다름 아닙니다.

이성과 본능, 신과 동물의 양 극단 사이에서 방황하는 존재가 다름 아닌 인간이라고 할 수 있고, 바로 그 때문에 법의 존재가치가 있는 것인지도 모릅니다. 전적으로 이성이 지배하는 사회에서는 법이 필요 없을 것이고 전적으로 본능이 지배하는 사회에서는 법이 불가능하기 때문입니다.

인간이 본성상 선한가 악한가, 경쟁적인가 연대적인가, 강한가 약한가도 같은 문제입니다. 자연 상태를 비관적으로 보았던 철학자들은 대체로 인간의 본성을 거칠고 공격적이며 경쟁적인 것으로 본 반면, 자연 상태를 평화 상태로 인식한 철학자들은 온순하고 자족적이며 나약한 인간을 상상하였습니다. 그러나 '자연상태'가 가상의 상태인 것처럼 그들이 본 것은 일면의 진실일 뿐, 그 모든 모습을 동시에 가지고 있는 것이 인간의 참 얼굴일지도 모릅니다. 거칠면서 온순하고, 강하면서 약하고, 이기적이면서 이타적이고, 경쟁적이면서 협력적이며, 고립적이면서 사회적인 존재. 이러한 인간의 모순성과 관련해 시인 신경림은 사람은 남과 더불어 혼자산다라고 탁월하게 묘사한 바 있습니다. 아무튼 인간이 모순적이고 유한한 존재라는 것은 굳이 법철학이 아니라도 모든 철학적 사유의 전제이자 출발점이라고 할 것입니다.

자유와 평등 이데올로기

오늘날에는 인간은 누구나 자유롭고 평등한 존재라는 관념이 보편적이지만 이러한 관념이 등장한 것은 근세 이후로 비교적 최근의 일입니다. 사회구성원이 시민계급과 노예, 봉건영주와 농노, 지배계급과 피지배계급으로 명백히 분화된 고대, 중세의 계급사회에서는 일부 종교교리를 제외하면 전체로서의 인간을 자유롭고 평등한 존재로 인식할 물적인 토대가 형성되지 않았으며, 그럴만한 정치·경제적 필요도 없었습니다.

농노제와 신(神)학적 세계관이라는 두 기둥 위에 서 있던 오랜 중세 봉건사회가 점차 해체되고 자본주의 생산양식과 부르주아지 계급이 등장하면서 비로소 자유롭고 평등한 인간이라고 하는 개념이 본격 대두하게 되었습니다. 신흥자본가계급의 원활한 자본축적을 위해서는 광범위한 산업예비군과 확대된 자유시장이 필수적이었고, 이는 지역 영주와 그에 종속된 농노라는 기존 신분질서와는 근본적으로 모순관계에 있었습니다. 따라서 이들 부르주아지의 이익과 요구를 반영하여 봉건질서의 해체를 가속화하고 자본주의적 질서를 전면화하기 위해 그 이념적 기치로 등장한 것이 자유와 평등이요, 평등한 인간의 자유로운 계약이라고 하는 이념, 이른바 계약질서였습니다(이른바 신분에서 계약으로).

이처럼 '자유' '평등'의 기치는 신흥자본가계급의 이익을 위한 것이었지만 한편으론 봉건적 신분질서와 전제정치의 질곡에 신음하던 다수 민중의 이해와도 일치하였고, 여러 번의 시민혁명을 거친 끝에, 마침내 근대법은 '인간은 자유롭고 평등한 존재'임을 선언하게 되었습니다.

그 결과 개인 간의 권리, 의무를 규율하는 일반사법(민법)의 세계에서는 '자유롭고 평등하며 합리적이고 이기적인 인간'을 이념형으로 상정하고 그로부터 계약의 구속력을 도출하고 있으며 이러한 태도는 현재까지도 기본적으로 유지되고 있습니다.

인간은 진정 자유롭고 평등한가

그러나 '인간은 누구나 자유롭고 평등하게 태어났다'는 선언은 하나의 당위일 뿐 현실의 인간은 결코 자유롭지도 평등하지도 않습니다. 기아, 가난, 재난, 전쟁, 공포, 죽음, 안전, 건강으로부터 자유로운 존재는 아무도 없으며, 사람은 용모, 지능, 체력 등 생물학적 요소뿐 아니라 경제적 부, 사회적 지위에 있어서 모두 다르고 불평등합니다.

루소는 '인간은 자유롭게 태어났지만 어디서나 쇠사슬에 묶여 있다'고 하였고(사회계약론), '인류에게서 두 종류의 불평등을 발견한다. 하나는 내가 자연적 혹은 신체적 불평등이라고 부르는 것인데 — 나이·건강·신체적 힘과 정신 혹은 영혼의 자질의 차이로 이루어져 있다. 그리고 다른 하나는 도덕적 혹은 정치적 불평등으로 부를 수 있는데, — 이를 테면 다른 사람들보다 더 부자이거나 더 존경을 받거나 더 세력이 있거나 또는 그들을 자신에게 복종시키거나 하는 특권들이 그것이다'라고 말하기도 하였습니다(인간불평등기원론).

따라서 '자유와 평등'이라는 깃발은 한편으로는 이를 고양하고 실현하는 방향으로 적극적으로 작용하기도 하지만 다른 한편에서는 현실적인 부자유와 불평등을 은폐하고 호도하는 부정적 기능도 하는 것입니다.

특히 자본주의가 고도화되고 그에 따른 모순과 부작용(독과점, 부익부 빈익빈, 불평등, 계급투쟁)이 점차 격화됨에 따라 초기의 '자유와 평등' '이념형 인간'만으로는 사회질서를 유지하고 지배체제를 재생산하기 어려운 위기상황에 처하게 되었고, 따라서 법은 사회 속에 실존하는 '구체적 인간' '부자유와 불평등'을 고려하지 않을 수 없었습니다. 그에 따라 억강부약(抑强扶弱)을 위한 각종 사회법(노동법, 근로기준법, 공정거래법, 사회보장법)이 등장하고, 누진적 세법(稅法)이 제정되기에 이르렀으며, 이들 사회법이 바라보는 인간은 일반사법과는 달리 '강자와 약자' '계급적으로 분화된 인간' '불평등한 인간'이었고, 그와 같은 전제하에서 실질적 자유와 평등을 위한 각종 조치를 마련하게 되었습니다.

형사법과 인간

앞서 말한 대로 인간관이 더욱 의미를 갖는 것은 형법과 형벌의 영역입니다. 범죄는 인간이 저지르고, 형벌 또한 인간이 받는 것으로 어떠한 인간관을 취하느냐에 따라서 양형이라든지 형벌의 목적, 형사정책 등에서 커다란 차이를 보이기 때문입니다.

전통적 이론(이른바 고전파, 구파)은 인간의 본성 중 이성적 측면을 강조하여, 인간은 자유의지를 가지고 있고 자기의 행동을 완전히 규율할 수 있으며, 자유의사로 범죄를 결행하였기 때문에 책임을 지는 것이라는 입장을 취하고 있습니다. 다산 정약용은 '하늘이 사람에게 자주권을 주었으니, 인간이 선하고자 하면 선을 행하고 악하고자 하면 악을 행한다. 그러므로 인간은 선악 사이에서 왔다 갔다 하여 고정되지 아니하고 그 권능은 자신에게 달려있기에 금수(禽獸)의 고정된 마음과는 다르다. 따라서 선을 행하면 실제로 자신의 공이 되고 악을 행하면 실제로 자신의 죄가 된다. 이것은 심권(心權)이지 이른바 성(性)이 아니다'라고 했는데, 이 심권은 구파의 '자유의사'와 같은 말이라고 할 것입니다.

반면 근대학파(신파)는 인간의 본성 중 동물적, 생물학적 측면을 강조하는 견해로, 자유의사는 주관적 환상에 불과하고 범죄는 유전적이든 후천적이든 심신이 비정상적인 상태에서 어쩔 수 없이 발현되는 행위라는 입장을 취합니다.

구파의 견해가 비결정론이라면 신파의 견해는 결정론이요, 전자가 범죄의사를 자발적으로 결정한 데 대한 도의적 책임을 강조한다면 후자는 사회부적응적·변태적 성격으로 인한 사회적 책임을 강조하고, 전자가 응보형을 주장한다면 후자는 치료와 특별예방을 주장합니다(형법총론, 이재상).

그러나 이와 같은 신·구파의 대립은 점차 완화되어 현재는 인간은 자유의사를 가지고 있지만 동시에 소질, 환경, 인과율의 지배를 받는다는 것에 견해가 모아지고 있습니다. 말하자면 인간을 이성적 존재이자 동시에 동물적·생물학적 존재로 보아야 한다는 것이며, 사흘 굶어도 (자유의지와 이성에 따라) 담을 넘지 않는 사람이 있지만 담을 넘을 가능성이 높아진다는 점을 부인할 수 없다는 것입니다.

인간이 모순적 존재이고 '이성'과 '동물성'을 아울러 갖고 있음을 생각할 때 인간의 두 가지 측면을 모두 고려하는 절충적 견해가 아무래도 설득력이 있고, 그중 인간을 인간이게 하고 다른 모든 것과 구별하는 특성인 '이성'과 '자유의지'의 비중이 소질이나 환경, 인과율보다 더 크다고 할 것입니다.

그리고 대체로 인간의 이성적 측면, 즉 '자유의사'를 중요시하는 사람들은 범죄의 개인성을 강조하고 엄벌주의를 선호하며 정치적으로는 보수적 성향을 보이고, 인간의 본능적 측면, 즉 '소질'과 '환경'을 중요시하는 사람들은 범죄의 사회성에 주목하고 신형주의(愼刑主義)를 선호하며 정치적으로는 진보적 성향을 띱니다. 그러나 이는 일반적인 경향일 뿐 그 반대의 경우도 얼마든지 있으며, 특히 거기에는 개인의 성격이나 경험, 직업과 처지가 큰 영향을 미칩니다.

힘없는 법도 법인가

法哲學

절대로 아무것도 아닌 사람

대학 졸업반 때의 일입니다. 당시 우리 졸업반 학생들의 국제법 강의를 맡았던 분이 계신데, 고(故) 박춘호 선생이 그분입니다. 나중에 한국인 최초로 국제해양법재판소 재판관도 지내셨는데, 여러 나라 말에 능통하고 중국어를 배우려고 짜장면 집에 취직을 하셨다는 입지전적인 분입니다. 성품이 온화하고 유머가 풍부하셨고 무엇보다 강의가 재미있어서 학생들 사이에서 큰 인기가 있었습니다.

한 번은 그분이 필기를 하다가 뒤돌아서더니 분필 잡은 손을 목에 갖다 대고는 이렇게 말하는 것이었습니다.

"나는 말이야, 이 아래로는 좌익인데 이 위로는 우익이야"

당시만 해도 흔치 않던 왼손 글씨였던 것인데, 그 분의 난데없는 해명에 교실이 한바탕 들썩였습니다. 머리 아래로는 좌익인데 머리는 우익이라!

한 번은 또 '노-학 연대가 잘 돼야 할 텐데'라고 말해서 우리들의 졸음기를 단 번에 날려버리기도 했습니다. 때는 바야흐로 군사정권 말미라 민주화투쟁이니 노학(勞學)연대니 해서 세상이 소란스럽고 정권의 감시도 만만치 않던 시절이었습니다. 내심 걱정스런 눈빛으로 쳐다보는데 하얀 이를 드러내며 이어진 그분 말씀이란 게,

"노태우정권과 학생들이 연대해야 돼, 노-학 연대, 그래야 나라가 조용해질 거 아니야!"

그때 그 교실 속 정경이 어제 일처럼 선한데 어느덧 선생은 고인이 되셨고, 세상에 남겨진 그 분의 책 제목이 'ABSOLUTELY NOBODY', '절대로 아무것도 아닌 사람'입니다. 다수의 외국어에 통달하고 유명대학의 교수이자 국제재판소의 재판관까지 오른 분이 스스로를 절대로 아무것도 아닌 사람이라 부르니 우리 같은 보통 사람들은 스스로를 뭐라 불러야 할지 그저 난감할 따름입니다.

국제법에 대하여

앞서 우리는 법이란 곧 '강제규범'이요, 국가는 '폭력의 독점체'라고 정의한 바 있습니다. 법 없는 힘은 있어도 힘없는 법은 없으며, 물리력에 의해 준수가 강제되는 것이 법이요, 그 법의 실현을 뒷받침하는 물리력이 국가라고 한 바 있습니다.

그러나 이는 개별국가와 국내법을 전제로 한 것이고, 국제법에 이르면 사정이 달라집니다. 국제법은 주로 국가 간의 관계, 국가 간의 권리·의무를 규율하는 법규의 총체로써 성문의 국제법, 국제관습법, 개별 국가간 조약 등으로 이루어져 있습니다. 문제는 이러한 국제법과

국제관계의 영역에서는 국내법과 달리 공통의 권력(통일된 입법·사법·행정기관)이 없으며 따라서 위반행위를 제재하고 적법상태를 실현시킬 수단·방법이 마땅치 않고 불완전하다는 것입니다.

마치 법과 국가가 성립하기 이전의 자연상태와 흡사하며, 이에 관해 존 로크는 '모든 국가는 서로 자연상태에 있다' '왜냐하면 모든 종류의 협약이 아니라 하나의 공동체에 함께 가입하여 하나의 정치체를 만들기로 서로 합의하는 종류의 협약만이 인간들 사이의 자연상태를 종료시키기 때문이다'라고 말합니다(통치론, 존로크).

물론 국제법 위반행위에 대해 피해국의 자조(自助)행위나 국제조직에 의한 집합적 제재가 인정되고 있으나, 그 수단이 제한적이고 위반행위의 주체가 강대국일 경우 현실적으로 제재가 어렵고 전쟁발발의 위험도 감수해야 합니다. 주권(자기 이외에는 좀처럼 복종의 승인을 인정하지 않는 개인이나 집단의 힘)이 여전히 개별 국가에게 유보되어 있고 폭력이 세계적 차원에서 독점되어 있지 않기 때문입니다.

여기서 법철학적 의문이 등장합니다. 힘없는 법(국제법)도 법인가, 주로 당사자의 동의(비준)와 임의이행에 의존하는 법도 법이라 할 수 있는가 하는 문제입니다.

국내법에 비해 국제법의 규범력과 강제력이 완비되지 못한 것은 사실이고 따라서 이를 본래적 의미의 법이라고 말하기는 어려운 점이 있습니다. 그러나 국가 간의 관계를 합리적으로 조정하여 국제질서와 평화를 유지할 필요성이 있고, 국제법이 이에 대한 행위 준칙으로 현실적으로 작용하고 있는 점, 또 비록 미흡하나마 일정한 제재수단이 존재하고 있는 점에 비추어 보면 국제법 또한 전혀 법이 아니라고 할 수는 없을 것이고 그런 의미에서 미완의 법, 이른바 '형성 중인 법'이라고 부르는 것이 타당할 것입니다.

세계정부론

이런 논란은 근본적으로 국제법은 있으나 그 법의 실현을 강제하고 뒷받침할 폭력의 독점체가 없다는 데서 비롯된 것이고, 따라서 그간 세계정부, 세계국가의 필요성 문제가 계속 제기되어 왔습니다. 나라 간, 민족 간, 인종 간의 전쟁과 갈등을 막고 영구적인 평화를 실현하기 위해서는 각 국가가 주권을 포기하고 세계가 하나의 정부 또는 국가를 구성하여 통일된 입법, 행정, 사법기관을 통해 법을 실현하여야 한다는 것입니다. 버트란드 러셀, 앨버트 아인슈타인 같은 사람들이 이러한 세계정부를 주장한 대표적인 인물입니다.

철학적으로 보면 국가를 '우연'이자 '도구'이고, 개인의 자유를 보장하는 '자유의 보증인'으로 보는 자유주의자들은 개별 국가에 대한 집착이 적고 세계정부의 구성에 개방적인 반면, 국가는 '필연'이자 '유기체'이고, '개인은 오로지 국가와 민족을 통해 자기를 실현한다'고 보는 공동체주의자들은 국가의 주권과 독자성을 강조하고 국제법과 국제기구에 대해 부정적입니다.

그 입장이 어떠하든 현실적으로 세계정부가 가까운 시일 내에 실현될 가능성은 희박합니다. 역사적으로 형성·발전되고 언어·풍습·종교·인종·문화를 달리하는 민족이나 국가가 조만간 해소되거나 개별 국가가 주권을 스스로 포기하리라 기대하기 어렵고, 또 세계가 하나의 시민정부를 구성할 만큼 정치사상적·문화적, 경제·기술적으로 준비되어 있지도 않기 때문입니다. 칸트는 그의 '영구평화론'에서 '자연은 여러 민족의 혼합을 방지하고 그들을 분리시키기 위하여 두 개의 수단, 즉 언어와 종교의 차이를 사용한다'고 말합니다.[18]

반면에 하나의 지구, 통일된 세계의 필요성은 점차 증대되고 있으며, 인류의 역사는 통일성이 점차 확대·강화되는 방향으로 진행해왔다고 할 수도 있습니다. 개인은 국가뿐 아니라 가정, 사회, 인류, 세계 속에서도 자기를 실현하는 보편적 존재이며, 국제법과 국제기구에 대한 부정은 역으로 국제법과 국제기구로부터의 부정을 초래할 수도 있습니다(법철학, 라드부르흐).

오늘날 과학기술과 교통·통신의 발전으로 세계가 하나의 지구촌 시대로 접어든 것은 부인할 수 없으며 국가 간 거래와 무역이 늘어남과 동시에 그에 따른 마찰과 분쟁이 증가하고, 환경, 기아, 질병, 테러, 전쟁 등 단일국가를 넘어서는 인류 공동의 과제가 대두된 것도 명백한 사실입니다. 따라서 이처럼 상호의존성의 심화를 본질로 하는 세계화 시대에 국제사회의 질서를 유지하고 평화를 실현하기 위한 국제법과 국제기구, 국제재판소의 역할은 갈수록 커질 수밖에 없으며 이는 돌이킬 수 없는 추세라 할 것입니다.

그리고 언젠가 인류전체의 의지가 집약되고 통일된 세계정부를 수립할 제반 여건이 갖추어지면 인류가 명실공히 완성된 국제법과 세계정부하에서 살게 될 날이 올지도 모를 일입니다. 그 옛날 자연상태의 인류가 생명·자유·재산을 더욱 평온하고 안전하게 향유하기 위해 자신들의 자연적 권리를 공통의 권력에 양도하고 법과 국가를 세워 스스로 그 지배하에 들어간 것처럼 말입니다.

18) 다만 그는 종교의 차이에 대해서는 의문을 제기합니다. 그는 '여러 종교의 차이라고 하는 말은 실은 기발한 표현이다. 마치 도덕이 여러 가지로 다르다는 말처럼 들린다.－그러나 모든 인류에게 그리고 모든 시대에 타당한 종교는 오직 하나뿐이다. 신앙방식이나 경전에는 단지 종교를 운반하는 수레만이 포함되어 있을 뿐이다'라고 말합니다.

지금까지 우리는 '법철학의 숲'이라는 이름으로 법의 정의에서부터 법과 도덕의 관계, 법의 이념, 법의 효력근거, 자연법론과 법실증주의, 정의와 국가의 개념, 법률적 인간관, 국제법 등 법철학의 기본테마를 대략적으로 살펴보았습니다. 말하자면 법철학의 총론격에 해당하는 부분이라 할 것인데, 이제부터는 이런 기본지식을 토대로 하여 일상 속에서 누구나 한 번쯤 제기해보았을 여러 법철학적 질문들에 대해 좀 더 편안하고 자유롭게 생각해 보도록 하겠습니다.

법철학의 나무

법철학 소프트

법 없이 살 수 있는가

法哲學

법과 공기

촘촘한 법의 그물망 속에 살면서도 우리는 법의 존재를 잘 인식하지 못합니다. 어느 날 느닷없이 집으로 날아온 소장(訴狀)을 받는다든지, 교통사고를 내거나 음주운전을 해서 경찰조사를 받는다든지, 사돈네 팔촌이 죄를 짓고 교도소에 갔다는 이야기를 듣는다든지 하는 다소 충격적이고 비상(非常)한 방법으로 우리는 법의 존재를 새삼 깨닫게 됩니다. 그것은 마치 우리가 늘상 호흡하는 공기에 대해서 전혀 의식하지 못하다가 산소가 부족하거나 오염된 공기로 인해 호흡곤란을 느낄 때 비로소 대기(大氣)에 대해 인식하는 것과 같습니다.

법 없이 살 수 있다는 생각은 그런 점에서 '사물이나 사실을 실제와 다르게 지각하거나 생각'하는 사전적 의미의 착각 바로 그것이며, 자전(自轉)하는 지구 위에 살면서도 정지상태로 인식하는 것과 동일합니다. 그러나 우리가 매순간 숨 쉬는 공기에 대해 의식하지 못하거나 그 성분을 잘 모른다고 해서 공기 없이 살 수 있다고 할 수 없는 것처럼 법에 대해 무지하거나 법을 의식하지 못한다고 해서 법 없이 살 수 있는 것은 아닙니다. 법은 공기와 같아서 우리가 의식하건 못하건 단 한 순간도 그것을 떠나서는 살 수가 없습니다.

조금만 깊이 들여다보면 우리는 수많은 법의 거미줄에 얽혀 있음을 발견할 수 있습니다. 다달이 월급에서 떼이는 돈에는 각종 '세법'과 '국민건강보험법' '고용보험법' '산업재해보상보험법' '국민연금법'이 관여하고 있고, 출생신고와 사망신고에는 '가족관계의등록등에관한법률'이, 전입신고에는 '주민등록법'이, 아이들을 학교에 입학시키는 것에는 '초, 중등교육법'이, 군대가는 것에는 '병역법'이, 집을 짓고 수리하는 데에는 '건축법'이, 사소한 질서위반에는 '경범죄처벌법'이, 길을 걷거나 운전을 하면 '도로교통법'과 '교통사고처리특례법'이 각각 관여하고 있습니다. 상점에서 물건을 사는 단순한 행위도 청약과 승낙에 관한 '계약법'과 '상법'이, 인터넷 쇼핑에는 '전자거래기본법'과 '전자상거래등에서의소비자보호에관한법률'이 관여합니다.

법률의 많고 적음이 평화와 정의라는 법이념과 상호 비례관계에 있는 것인지, 또 기본법 외에 각종 특별법이 양산되는 현실이 법적 안정성의 측면에서 바람직한 것인지 하는 법철학적 고민은 관두고라도 오늘날 우리는 1,300개가 넘는 법률의 지배 아래 살고 있으며 따라서 요람에서 무덤까지 한시도 법의 그물망을 벗어날 수 없습니다. 길을 건너고, 운전하고, 물건 사는 일상적인 일에서부터 병역, 납세, 교육, 혼인, 취업, 질병, 사망 등 중대사에 이르기까지 법을 떠나 행동하고 존재할 수 없으며 따라서 매순간 우리를 따라다니고 얽어매는 이 법이라는 것이 도대체 무엇이냐 하는 법철학적 질문은 지극히 실존적이며, 불가피한 것입니다.

한 울타리 속 사자와 양

'법 없이 살 수 있다'는 생각이 단순한 착각이라면, '법 없이도 살 사람'이나 '법 없는 사회'는 법을 필요악이고, 종국적으로는 소멸되어야 할 것으로 보는 부정적 가치판단이 내포되어 있습니다. 흔히 선량한 사람을 가리켜 '법 없이도 살 사람'이라고 하는데 이 말은 곧 선량한 사람, 선량한 사회에는 법이 필요 없다는 생각을 전제하고 있습니다. 그런데 과연 그럴까요?

한 울타리 속에 사자와 양이 살고 있다고 합시다. 그들은 각기 본능과 욕구, 능력에 따라 살아갈 뿐 아무런 울타리도 법도 없습니다. 그야말로 자유입니다. 그러나 강자인 사자에게는 자유가 말 그대로 자유겠지만 약자인 양에게는 자유가 죽음이고 법이 곧 자유를 의미합니다. '네가 당하고 싶지 않은 일은 남에게도 하지 말라'는 법이 있고, 위반자에 대한 제재가 있고, 울타리가 있을 때 비로소 양은 강자인 사자 사이에서 자신의 생명과 자유를 보존할 수 있습니다. 도덕(법)과 연대는 약자의 본성이자 생존조건이 될 수밖에 없습니다.

현실세계의 인간도 이 한 울타리 속 사자와 양과 크게 다르지 않습니다. 인간은 지능, 체력, 연령 등 그 생물학적 능력뿐 아니라 사회적·정치적·경제적 능력에서 천차만별이고 불평등하며, 그러한 현실에서 자유는 '약육강식'을, 법은 '공존'을 의미합니다. 우리가 이른바 사회법이라 부르는 법들-근로기준법, 노동관계법, 공정거래법, 각종 사회복지법 등-은 적절한 규제와 지원, 억강부약(抑强扶弱)을 통해 강자와 약자가 서로 공존하고 궁극적으로 모두를 자유롭게 하려는 목적을 가지고 있습니다. 법 없이 살 수 있는 착한 그 한 사람을 위해서도 법이 필요한 것입니다.

'국가로부터의 자유'라는 고전적 개념을 넘어 '국가를 향한 자유'나 '국가를 통한 자유'라는 현대적 이념에 이르면 '법 없이도 살 사람'의 의미는 더욱 퇴색할 수밖에 없습니다. 국민기초생활보장법이나 기초노령연금법 등 각종 사회보장법은 일정 요건을 갖춘 사회적 약자(생활이 어려운 자, 65세 이상의 노인)에게 각종 급여를 제공하고 있고, 노인장기요양보험법 같은 경우는 혼자서 일상생활을 하기 어려운 노인들의 집을 요양요원이 매일같이 방문하여 목욕을 시켜주고 간호하며, 생활에 필요한 각종 용구도 지원하는 등 자녀보다 나은 효도를 하고 있습니다. 좋은 법이 효자보다 나은 셈이고, 이처럼 오늘날 인간다운 생활을 할 권리, 사회적 기본권은 결국 법을 통해서 충족되고 실현될 수밖에 없습니다.

법 없는 사회는 가능한가

그러나 오랜 인류 역사에서 법이 주로 강자의 법이자 억압수단으로 기능해온 것이 사실이기 때문에 법을 필요악 정도로 여기고 '법 없는 사회' '법 없는 세상'을 선(善)이자 이상사회로 여기는 생각도 존재해왔습니다. 유교의 이상사회인 무송(無訟)의 대동(大同)사회나 법이 말라 죽고 국가가 소멸한다고 주장한 마르크시즘이 그러합니다.

예기(禮記)에서는 대동사회를 '— 남의 부모도 내 부모와 똑같이 생각하며 — 남의 자식도 내 자식과 똑같이 생각한다 — 재물과 물건들이 헛되이 버려지는 것을 싫어하지만 그것을 자기 집에다 감춰두는 일이 없으며 자기가 직접 노력을 제공하지 않는 것을 싫어하지만 그것이 자기 개인을 위한 것으로는 생각지 않는다. — 권모술수와 같은 것이 필요치 않게 되고 도둑이나 불량배 같은 것이 있을 수 없다. 집집마다 문을 열어두고 닫는 일이 없다'고 그리고 있습니다.

마르크시즘도 '무계급의 사회주의 · 공산주의사회가 실현되면 계급

억압의 도구인 법과 국가는 그 필요성이 없어서 말라 비틀어져 죽는다'고 하는 이른바 법 고사(枯死)론을 주장하였습니다. 그러나 이들이 소멸을 주장한 법이 계급억압의 도구로서의 법인지 아니면 인간 공동생활을 규율하는 모든 규범인지는 분명하지 않습니다.

생각건대 이들 이상사회가 '능력에 따라 일하고 필요에 따라 분배'할 만큼 고도로 발전된 사회라는 것을 전제로 하면 이들이 말하는 '법 없는 사회'가 아무런 기준도 규범도 없이 돌아가는 사회를 의미하지는 않을 것입니다. 발전된 사회일수록 사회의 질서와 규율을 위한 규범은 더욱 필요하고 세분화될 필요가 있기 때문입니다. 인도와 차도의 구분도 없고 신호등도 없는 발전된 미래사회를 우리는 상상할 수 없습니다. 따라서 이들이 말하는 법이 없다는 것, 법이 말라죽는다는 것은 본질적으로 계급지배의 도구로서의 법, 이를 실현할 폭력기구로서의 국가가 없다는 것을 의미한다고 할 것입니다.

그러나 사회주의적 생산양식이 고도의 생산력발전을 보장할 수 있는지는 차치하더라도 계급이 없다 하여 개인의 생물학적·사회적 차이와 불평등이 모두 해소되는 것인지는 의문이며 이들 이상사회는 무엇보다 구성원 전원의 완전한 인격과 도덕성을 전제하고, 부적응자나 변태자, 질서위반자라는 일체의 예외를 인정하지 않는다는 점에서 현실성이 없는 유토피아에 불과하다 할 것입니다.

존 로크는 '만약 사람들이 법 없이도 행복할 수 있다면 법은 무용한 존재로서 저절로 사라질 것이다. 단지 수렁이나 절벽으로부터 우리를 보호하기 위해서 울타리를 친 것을 구속이라는 이름으로 부르는 것은 적합하지 않다. 그러므로 법이 어떻게 오해되든 법의 목적은 자유를 폐지하거나 제약하는 것이 아니라 보존하고 확장하는 것이다'라고 했습니다(통치론, 존 로크).

그런 점에서 법 없는 세상은 모든 것이 법에 의해 규율될 수밖에 없는 엄연한 현실에 대한 하나의 역설일 뿐이고, 태평가(太平歌)가 태평세월이 아니라 실은 가혹하고 힘든 시절에 울려 퍼지는 것과 같은 이치라 할 것입니다.

법은 보수적인가

보수와 진보

법이 본래 보수적이라는 데 대해서는 일반인이건 법조인이건 별다른 이견이 없을 것입니다. 보수(保守)란 말 그대로 '보호하고 지키는 것'인데, 이 보호하고 지키는 것이야말로 법의 본질이고 사명입니다. 이것이 법과 예언자적 사명을 허용하는 그 밖의 철학, 예술, 종교와의 차이라고 할 것입니다.

법의 보수성과 관련해 미국의 법학자 프레드 로델은 '법이란 학문 세계의 킬리루 새다. 아일랜드 신화에 의하면 킬리루 새는 어디로 가고 있는지는 관심이 없고 지나쳐 온 곳에만 흥미가 있는 까닭에 뒤로 날기만을 고집하는 새다'라고 말한 바 있습니다(저주받으라 너희 법률가들이여, 프레드 로델).

그러나 법이 본성상 보수적이라 하여 능동적이고 진보적인 기능을 수행할 여지가 전혀 없거나 실제로 아무런 적극적 기능을 하지 못한다는 것은 아닙니다. 따라서 지금부터는 법은 오로지 보수적인가, 법의 진보적·능동적 역할은 없는가 하는 점을 살펴보도록 하겠습니다.

그런데 보수와 진보는 그 개념이 상대적이고, 다양한 의미를 갖고 있으므로 한마디로 정의하기 어려운 난점이 있습니다. 진보냐 보수냐를 가르는 기준은 무엇보다 '새로운 것이나 변화에 대한 태도, 가치관'

일 것입니다. 새로운 것을 추구하고 변화에 적극적인 것이 진보라면 새로운 것과 변화에 소극적이고 기존의 것을 옹호·유지하려는 것이 보수입니다. 따라서 보수가 일반적으로 전통, 과거, 공동체, 도덕, 가족, 민족, 통일성을 강조한다면 진보는 변화, 미래, 개인, 개성, 자유, 세계, 다양성을 강조합니다.

그러나 이는 일반적 경향일 뿐 모든 사회, 모든 상황에 다 적용되는 것은 아닙니다. 서양에서는 보수의 덕목이라 할 도덕성과 민족·공동체에 대한 강조가 오늘의 한국에서는 진보의 가치로 여겨지고 있으며, 또 정치, 생활, 사상, 표현의 영역에서 자유의 가치를 최고로 치는 진보가 사회·경제적 영역에서는 평등과 국가의 개입을 강조하는 반면 그 반대인 보수가 오히려 자유와 시장을 강조하는 등 논리적으로 수미일관(首尾一貫)하지도 않습니다.

오늘날 진보·보수 논쟁이 표류하거나 공전을 거듭하는 이유는 합리적인 토론문화가 자리잡지 못한 것도 있지만 이처럼 진보·보수의 개념 자체가 다분히 상대적인 데다가 그 내용이 가치적으로 일관되지 않기 때문일 것입니다.

여하간 진보와 보수를 가르는 최소한의 기준은 '새로운 것과 변화에 대한 태도, 가치관'이라는 것을 전제로 하여 새 것과 변화에 적극적·능동적인 것을 진보로, 소극적·수동적인 것을 보수로 상정하고, 이야기를 이어가도록 하겠습니다.

법은 본래적으로 보수적

앞서 우리는 법은 힘이자 의지요, 그 시대의 지배적인 힘, 의지를 반영하여 생성된다고 하였습니다. 따라서 아무리 새롭고 혁신적인 생활관계, 계급제도, 의지, 가치관이 형성되어도 이것이 그 사회에서 지배적인 힘과 지위를 획득하기 전에는 법으로 제도화될 수 없으며 오히려 기존법의 유일성, 전일성(全一性)으로 인해 이단, 혁명가, 부적응자, 질서교란자로 탄압과 경계의 대상이 됩니다. 법이 이처럼 본질적으로 다수파와 권력친화적이라는 점에 권력관계의 측면에서 본 법의 보수성이 있습니다.

법은 그 생성의 측면에서도 보수성을 띱니다. 경제적 생활관계의 변화에 따라 계급제도가 변화하고, 이를 반영하여 신념·가치관이 변화하고, 일정한 법현실과 관습이 형성된 후 이를 최후적으로 제도화하는 것이 법입니다. 이처럼 법이 사회 변화에 추수적이고, 지배적 질서가 형성된 후 이를 최후적으로 선언한다는 점에서 법은 생성적으로 보수적 성격을 갖습니다.

법의 목적, 가치가 '법적 안정성' '질서의 유지·평화의 실현'이라는 점도 법의 보수성을 보여줍니다. 여기서 말하는 질서는 기성의 질서, 지배적 질서를 말하는 것이며, 따라서 새로운 질서, 소수적 질서는 처음에는 탄압과 경계의 대상이었다가 일정한 힘과 세력을 형성하면 관망의 대상으로 바뀌며, 그것이 지배적 힘을 획득했을 때 비로소 제도화, 합법화의 길을 걷습니다. 법의 또 다른 이념이 정의의 실현이지만 이 정의도 시대와 환경을 초월한 추상적 정의가 아니라, 시대적 정의, 기성의 질서 속에서 파악된 정의이며, 법적 안정성 그 자체가 정의의 한 구성요소라고 보는 사람도 있습니다.

한 번 만들어진 법은 좀처럼 폐지되지 않는 속성을 가진다는 점도 법의 보수성을 말해줍니다. 법은 그 자체로 하나의 제도이며, 특정한 제도는 그 제도운영을 위한 조직, 예산, 수혜자, 관행, 익숙함이라고 하는 기득권을 낳습니다. 따라서 이런 기득권의 저항과 관성, 법적 안정성의 요청 등으로 인해 한 번 제정된 법은 쉽게 개폐되지 않고 고루해지며, 변화된 질서와 부조응하는 현상이 발생하게 됩니다. 루돌프 폰 예링은 '수많은 개인이나 모든 계급의 이해관계가 — 현행법과 밀접히 연관되기 때문에 이들 개인이나 계급이 추구하는 이해를 —침해하지 않고서는 법 개정이 불가능한 것이다. 즉 법규나 제도 자체에 의문을 던진다는 것은 이러한 이해관계에 대해 선전포고를 하는 것이며, 수천 개의 발로 밀착되어 있는 해파리를 떼어내는 것과 같다'고 말하고 있습니다(권리를 위한 투쟁, 루돌프 폰 예링).

법을 해석하고 적용하는 사람들의 보수성도 한몫하고 있습니다. 개인적인 성향의 차이가 있지만 법조인들은 대체로 엘리트의식이 강하고 자기중심적, 권위적이며 사회적 지위에서도 기득권자의 위치에 있습니다. 따라서 새로운 법이 제정되더라도 이를 최종적으로 해석하고 선언하는 법조인의 보수적인 태도로 인해 그 의미가 퇴색할 수도 있습니다. 50대, 남성, 판사, 서울대출신이 주류인 대법원이 인사권과 판례를 가지고 전체 법원을 실질적으로 통제하고 있음을 생각하면, '진보판사'의 '튀는 판결'에 대한 우려는 그야말로 기우이거나 엄살에 불과하다 할 것입니다(기울어진 저울, 이춘재·김남일).

경제민주화, 이익균점권, 생리휴가의 예

그러나 법이 항상 사회변화에 뒤처지거나 소극적인 것은 아닙니다. 때로는 사회의 변화를 선도하거나 능동적이고 적극적인 역할을 담당하기도 합니다.

오늘날 우리 사회의 화두가 된 '경제민주화'문제는 일찌기 제헌헌법의 기초 당시부터 논의되었습니다. 제헌헌법의 기초자 유진오는 그의 '헌법기초회고록'에서 이렇게 말하고 있습니다.

'무엇보다도 곤란을 느낀 것은 헌법의 기본정신을 어디다 두느냐 하는 문제였다. — 무제한한 자유가 강자에 의한 약자의 지배를 결과하거나 또는 그 반대로 무정부적 상태로 빠지는 것도 피해야 한다고 생각하였기 때문에, 어떻게 하면 인간의 자유와 존엄을 존중하면서 거기서 올 수 있는 폐단을 제거 또는 방지하느냐에 모든 관심을 쏟고 있었고, — 나는 이것을 정치적 민주주의에 대한 사회적·경제적 민주주의란 용어로 설명하기도 하였고, 한 걸음 더 나아가 18세기적 고전적 헌법개념에 대한 20세기적 현대적 헌법개념이란 용어로 설명하기도 하였다'(위대한 법 사상가들, 최종고)

오랜 왕조국가와 식민지배를 거쳐 이제 갓 태동하였고, 따라서 시민 혁명도, 자본주의적 발전도 경험하지 못한 나라의 제헌헌법의 기초자들이 '형식적·정치적 자유'를 넘어 '실질적 자유' '사회적·경제적 민주주의'를 고민했다는 것은 지금 시각으로 보아도 상당히 놀라운 일입니다.

1948년에 제정된 제헌헌법은 실제로 오늘날의 이익공유제보다 더욱 진보적인 이익균점권을 아예 명문화하기도 했습니다. 대기업이 목표이익을 달성하면 추가이익 부분에 대해 중소협력업체와 나누자는 이익공유제 주장은 어느 재벌총수로부터 '사회주의 국가에서 쓰는 말인지, 자본주의 국가에서 쓰는 말인지, 공산주의 국가에서 쓰는 말인지 모르겠다'는 비아냥을 들었지만, 우리 제헌헌법에 명시된 이익균점권은 그보다 강력하고 근본적인 권리로 근로자가 이익의 분배를 사용자에게 정당히 요구하고 이를 균점할 권리를 법적으로 보장하는 것입니다.

1953년 제정된 근로기준법도 상당히 진보적인 것으로 평가되고 있으며, 그에 따르면 오늘날 보장되고 있는 근로자의 제반 권리가 거의 빠짐없이 보장되고 있었고, 출산(산전후)휴가, 연차유급휴가, 월차유급휴가는 물론 유급생리휴가도 규정하고 있었습니다.

이 모든 예에서 볼 수 있는 것처럼 어떤 법이 선진적인 법을 그대로 모방하여 계수(繼受)하거나, 그것이 강제로 이식(移植)되면 일응 진보적 색채를 띨 수 있습니다. 문제는 이런 법들이 아직은 장식품에 지나지 않아서 충분한 현실적 규범력을 갖지 못했다는 것입니다. 위 법들의 제정 당시 한국사회는 자본주의 발달이 극히 일천한데다 그나마 있던 생산시설도 한국 전쟁으로 모두 파괴되어 자본주의적 기업도 근로자도 거의 없었습니다. 근로기준법이 적용되는 5인 이상 사업체의 근로자 수가 전체인구의 1/100이 될까 말까 할 수준에 불과하였던 것인데, 근로자가 있고 그들이 일정한 세력을 형성할 수 있어야 월차휴가도 가고 이익도 균점할 것 아니겠습니까?

법은 진보적일 수 없는가

선진적 법률을 모방하는 것 말고 법이 실질적으로 능동적·적극적 역할을 하는 것은 질서의 교체기입니다. 새로운 질서가 지배적인 힘과 의지를 형성하고, 이 지배적인 힘과 의지가 법으로 막 제도화되는 시기에 있어서 법은 하부구조와 생활질서에 능동적·적극적으로 작용하여 사회를 급속하게 새로운 질서로 재편합니다.

법이 이와 같은 기능을 할 수 있는 것은 법의 일반성, 보편성 때문입니다. 법은 특정인이나 개별사건만을 규율하는 것이 아니라 일반인과 일반 사건 모두에 적용되며, 그 보편성으로 인해 주권의 범위 끝까지 확장되고, 자체에 이질적인 것과의 모순을 좀체 허용하지 않습니다. 처음에 오로지 신흥자본가계급, 부르주아지의 계급적 이익에서 출발했던 '자유'가 사회구성원 전체의 자유로 확대되고, 노동자계급의 단결의 자유까지 치달은 것은 바로 이와 같은 법의 일반성, 보편성의 결과입니다(법철학, 라드부르흐).

따라서 새로운 질서가 지배적인 힘과 의지를 형성하는 시점에 이를 반영하여 제정되는 법은 사회변화와 하부구조에 능동적·적극적이고 진보적이며, 이를 창업기(創業期) 법의 진보성이라 할 수 있습니다.

또한 아직 새로운 질서가 지배적인 힘과 의지를 형성하지는 못했으나 점차 세력을 형성하여 기성질서에 도전하는 시기에도 법은 일정한 진보성을 띠게 됩니다. 이때 기성의 질서와 그 수호자인 법은 새로운 질서를 억압하고 탄압하는 한편으로 기성법의 실효성을 보장하고, 체제의 원활한 유지와 재생산을 위하여 일정한 양보와 함께 새로운 질서의 요구를 일정부분 법에 반영합니다. 그리하여 기성질서에 일부 편입된 새로운 질서는 법의 이름으로 사회변화와 하부구조에 능동적·적극적 역할을 할 수 있으며, 이를 창업기 법의 진보성과 비교하여 경장기(更張期) 법의 진보성이라 할 수 있습니다.

이처럼 법이 본질에 있어 보수적이라 하더라도 기존 질서의 개혁기(경장기)의 법과 새로운 질서의 창업기의 법은 순전히 사회변화에 소극적·수동적인 것만은 아니고, 하부구조와 생활질서에 적극적·능동적으로 작용하는 등 진보적인 역할을 수행할 수 있으며, 이를 가능케 하는 것이 법의 일반성, 보편성, 전일성 등 법의 일반적 성질입니다.

악법은 법인가 I -인식의 문제-

오래된 미래의 질문

'악법도 법인가'라는 질문은 단 두 마디로 이루어진 매우 간단한 질문입니다. 그러나 이 질문은 실은 법이 생겨난 순간부터 지금까지 이어지고 있는 가장 오래된 질문이자 법이 존재하는 한 미래에도 계속될 질문입니다. 이 질문에는 법의 정의, 법의 이념, 법의 효력근거, 법과 도덕의 관계 등 법철학의 모든 테마가 녹아 있으며, 자연법론과 법실증주의라고 하는 법철학의 두 사상도 결국은 이 질문을 둘러싸고 치열하게 대립해왔다고 할 수 있습니다. 가히 법철학의 역사이자 법철학 그 자체라고 할 수 있으며, 그런 면에서 위 질문에 대해 일정한 결론을 가지고 있다는 것은 나름의 법철학적 사유를 완성하였다고 평가할 수도 있는 일입니다.

그런데 이 질문은 동시에 두 가지를 묻고 있습니다. 그 하나는 순전히 존재론적인 것으로서 '악법도 법인가'를 묻는 것이고, 다른 하나는 실천론적인 의미에서 '그러므로 악법도 준수하여야 하는가'를 묻는 것입니다. 이처럼 이 질문에는 존재와 당위, 인식과 실천이 혼재되어 있으며, 사람들 사이에서 많은 오해와 혼선이 생기는 것도 이 두 가지 질문을 혼동한 데서 비롯된 것입니다.

위 오래된 질문은 무엇보다 철학자 소크라테스와 불가분의 관계에 있고, 그가 이런 말을 실제로 했는지, 권력이 편의에 따라 퍼뜨린 낭설인지 논란이 계속되고 있으므로, 우선 소크라테스를 위한 변명으로부터 이야기를 시작하도록 하겠습니다.

소크라테스를 위한 변명

소크라테스는 '나라가 믿는 신들을 믿지 않고 새로운 영적인 것을 끌어들였으며, 젊은이들을 타락시켰다'는 죄목으로 기소가 되어 배심원 500명 중 280명으로부터 유죄 평결을 받고 사형(독배형)이 집행되었습니다.

소크라테스의 재판은 오늘날의 재판제도와는 사뭇 다른 특징을 가진 것이었는데, 이는 아테네의 직접민주주의를 반영한 결과이지만 동시에 사법제도란 영구불변의 원칙이 있거나 항구적인 제도가 아니라는 것을 암시하기도 합니다.

당시 아테네는 검사가 따로 없고 시민이면 누구나 다른 사람을 기소할 수 있었으며, 소크라테스를 소추한 사람도 멜레토스라고 하는 개인입니다. 이를 사인소추(私人訴追)주의라고 하는데, 국가기관인 검사만이 기소권을 갖는 국가소추주의에 대립되는 것이며, 이로 인해 재판이 개인적인 복수나 모함의 장으로 전락할 위험이 있었고, 따라서 소추자는 일정 수 이상의 배심원의 찬성을 얻지 못하면 역으로 처벌(투표수의 1/5을 얻지 못하면 1,000 드라크메의 벌금)을 감수하여야 했습니다.

마찬가지로 직업법관이 없고 변호사도 없었으며 자유시민들이 추첨으로 배심원이 되어 유·무죄와 형량을 결정하였습니다. 따라서 아테네의 배심제는 직업법관의 재판에 시민이 일부 참여하는 오늘날의 배심제와는 다른 것으로, 엄밀히 말하면 '시민판사단'의 성격을 갖는 것이었습니다.

위 배심원은 사건의 경중에 따라 100명에서 1,000명까지 다양하게 구성되었으며, 다수결에 따라 평결이 이루어졌고, 고발자가 기소장을 읽고 나면 피고인이 진술하고 배심원이 평결하는 순서로 진행되었습니다. 소크라테스 재판은 처음에 크게 중요하지 않은 사건으로 분류되어 500명의 배심원단이 구성되었고, 그 중 280명의 배심원이 유죄, 220명의 배심원이 무죄평결을 하였습니다(마리 자겐슈나이더 클라시커 50재판).

오늘날의 기준으로 보면 공소사실부터가 추상적이고 불명확한데다 절대적 기본권이라 할 종교의 자유나 양심의 자유의 영역에 속하는 것이어서 기소에 무리가 있고, 배심원의 40% 이상이 무죄평결한 것을 보아도 '합리적 의심의 여지없이 범죄사실이 증명된 경우'라고 보기 어려울 것입니다.

여하간 다수결에 따라 유죄로 평결되고 급기야 사형이 결정되었는데, 문제는 여기서 시작됩니다. 변론절차에서 '(지금까지 해온 일을 그만두는 조건으로 저를 석방한다 해도) 숨을 쉬는 한, 또 힘닿는 한, 지혜를 사랑하고 여러분에게 권하고 누구를 만나든 제 생각을 말하기를 그치지 않을 것입니다'라고 했던 소크라테스가 막상 국외로 도망할 것을 권유하는 크리톤의 말을 거절하고 '국가는 설득하거나 아니면 복종할 대상일 뿐'[1)]이라는 취지의 말을 하며 독배를 기꺼이 마셨기 때문입니다(대화편, 플라톤).

---

1) 소크라테스는 '크리톤'에서 '전쟁터에서나 법정에서나 그 밖의 어디에서나 조국이 명하는 것을 행하지 않으면 안 돼. 그렇게 하지 않으려거든 옳은 것이 어디에 있는지 조국을 설득해야지'라고 말합니다.

이를 둘러싸고 다양한 해석이 등장합니다. 일단의 사람들은 그의 죽음이 '악법도 법이므로, 지켜야 한다'는 취지라고 목소리를 높이는 반면, 일부는 법의 이념 중 하나인 '법적 안정성을 위해 개인적인 순교를 택한 것'이라고 이해하고, 다른 일부는 악법을 인정하지 않으나 처벌을 감수한 것으로써 그 자체가 바로 '시민불복종의 전형'이라고 해석합니다(소크라테스는 악법도 법이라고 말하지 않았다, 김주일).

그러나 플라톤의 대화편 어디에도 소크라테스가 악법도 법이라고 직접 말하는 대목은 발견되지 않으며 따라서 소크라테스가 악법도 법이라고 말했다는 항간의 주장은 사실이 아닙니다. 또 소크라테스가 '크리톤'에서와 달리 '소크라테스의 변론'에서는 자신의 행위를 후회하지 않고 계속하겠다고 말하고 있는 점을 상기해보면 그의 죽음을 '악법도 법이므로 지켜야 한다'는 취지라고 단순화해서 생각하기도 어렵습니다. 그는 오히려 '아이들이나 목숨이나 또 그 밖의 어떤 것도 정의보다 더 소중히 여기지 말게. 그래야 저 세상에 가서도 그 통치자들에게 떳떳할 걸세'라고 그의 내심을 말합니다.

그의 진심이 어디에 있었는지 단정하기는 어렵지만 전후의 말과 행동을 전체로서 보면 오히려 '법적 안정성을 위한 순교'나 '처벌을 회피하지 않는 불복종'으로 해석될 여지가 더 크고 그의 죽음이 깊은 여운을 남기는 이유도 거기에 있습니다. 또 가령 그의 본심이 '악법도 법이므로 지켜야 한다'는 데 있었다 하더라도 최소한 한 개인의 숭고한 고뇌와 법철학적 결단을 이용해 국가권력이 악법의 준수를 강요하는 수단이나 이념적 근거로 삼을 수는 없을 것입니다.

악법이란 무엇인가

그런데 악법도 법인가라는 질문은 악법의 정의(定義)를 논리적 전제로 합니다. 악법이 무엇인지 말할 수 있어야 그것도 법인지, 이를 준수할 것인지 말 것인지를 결정할 수 있습니다.

앞서 자연법론의 문제를 이야기하면서 자연법의 실체가 다양하다는 것을 말한 바 있는데, 일부 극단론자, 근본주의자들처럼 특정 인종이나 민족, 종교, 신념, 이데올로기가 자연법이고 이에 반하는 것이 악법이라고 정의할 수도 있습니다. 그러나 그들이 말하는 자연법 자체가 실상은 근거 없는 독선과 차별, 억압을 조장하는 것으로서 악법의 성질을 농후하게 내포하고 있는 것입니다.

인류가 부단한 노력과 투쟁을 통해 이룩한 진보, 합리적 이성, 인권을 기준으로 하여 악법을 정의하여야 할 것인데, 이렇게 보면 악법이란 정의(관념)에 정면으로 반하는 법이라 할 것이고, 정의를 자유, 평등, 분배, 박애, 평화 등 사회적 행복의 필수조건으로 보면 결국 악법이란 개인의 자유를 심대하게 제한하는 법, 합리적 이유가 없는 차별을 방치·조장하는 법, 분배정의에 역행하는 법, 증오와 혐오를 조장하고 평화를 해치는 법, 법의 일반원칙을 심각하게 훼손하는 법(개별사건법, 소급입법, 모순입법 등 론 풀러의 법의 8가지 덕성을 떠올려 보라)이라 할 것입니다.

이를테면 나치 집권하의 뉘른베르크 인종법 같은 것은 악법의 전형입니다. '혈통의 순수성을 보전하고 독일민족과 국가의 미래존속을 위한다'는 명분으로 1930년대에 제정·시행된 이 법에 따르면 '독일인과 유대인의 혼인이 금지되고, 이들이 타국에서 한 혼인도 무효이며, 혼인외 성관계가 금지되고, 유대인이 45세 이하의 독일인 여성을 집에

고용하는 것도 불허되며, 이를 위반할 경우 혼인이 무효임은 물론 위반자는 강제노역형과 징역형'에 처하도록 규정하고 있었습니다.

인간의 본질적 자유라 할 혼인의 자유, 사생활의 자유, 성적자기결정권을 심대하게 침해한 법일 뿐 아니라 유대인과 그 밖의 민족을 합리적 이유 없이 차별하고, 유대인에 대한 증오와 혐오를 조장하는 입법으로서 악법의 요소를 두루 갖추고 있는 법이며, 이러한 인종차별법은 마침내 아우슈비츠 강제수용소와 유대인 집단학살로 귀결되었습니다.

악법은 당연히 법

그러면 위 뉘른베르크 인종법 같은 것도 법이라 할 수 있을까요? 악법도 법인가라는 질문에 대한 답변은 그가 자연법론자인가 법실증주의자인가에 따라 다릅니다. 실정법 위에 보다 초월적이고 절대적인 가치, 이른바 자연법이 있다고 보는 자연법론자들은 자연법에 반하는 실정법을 악법으로 규정하고 그 법의 효력을 부인하므로 악법은 법이 아니다라고 선언합니다. 반면, 실정법만이 법이라고 인식하는 법실증주의입장에서는 수권(受權)이나 제정 절차에 근본적 결함이 없는 한 법은 법이고, 악법도 법이라고 봅니다. 법의 효력근거에 관한 정의설(정당성설)의 입장에서는 악법은 법이 아니라고 볼 수 있는 반면, 실력설의 입장에서는 악법도 법이라고 볼 수 있을 것입니다.

그런데 앞서 본 것처럼 악법도 법인가라는 질문에는 두 가지 의미 —존재론적·인식론적 측면과 당위론적·실천론적 측면—가 포함되어 있기 때문에 이를 나누어 생각하는 것이 필요합니다.

먼저 존재론적·인식론적 측면에서 보면 악법도 법인가라는 질문은 '무서운 아버지는 아버지인가' '나쁜 이웃은 이웃인가' '썩은 사과는 사과인가'라는 질문처럼 어리석고 무의미한 것입니다. 그것이 악한 법이든 선한 법이든 준수가 강제되고 위반시 제재가 따르는 것, 이른바 강제규범은 모두 법이며, 그런 점에서 악법도 당연히 법입니다. 악법은 법이 아니라고 선언하는 사람들까지 처벌하는 것이 악법이며, 오히려 악법일수록 더욱 강한 강제성을 갖습니다.

그런 점에서 '법이 존재한다는 것과 그 법이 좋으냐 나쁘냐는 별개 문제'라는 존 오스틴의 말은 정확한 지적입니다. 그러나 악법도 선법(善法)과 마찬가지로 실효성을 갖는 현실의 법이라고 하여 이를 순순히 인정하고 준수해야 한다는 것을 의미하지는 않습니다. 앞서 본 것처럼 존재론적·인식론적 문제와 당위론적·실천론적 문제는 별개이기 때문입니다.

준수 여부는 별개의 문제

법실증주의자들은 모두 '법은 법'이고 '악법도 법이다'라고 생각합니다. 법실증주의자들이 나치즘을 옹호하였다는 비난을 받는 것도 그런 이유 때문입니다. 그러나 법실증주의자들이 모두 '악법도 준수되어야 한다'고 주장하는 것은 아닙니다. 일반적으로 법실증주의의 표지로서 5가지 테제가 등장하는데, 어떤 것도 법이 될 수 있다(중립성 테제), 실정법률이 법이다(법률 테제), 법의 적용은 가치판단이 아니라 사안의 포섭이다(포섭 테제), 가치는 주관적이다(주관주의 테제), 법은 준수되어야 한다(준수 테제)가 그것입니다. 이 중 법실증주의자들이 공통으로 인정하고 있는 표지는 주관주의 테제와 중립성테제일 뿐 나머지 테제는 법실증주의와 직접 관련이 없거나 개별적인 주장이라는 것입니다(법이란 무엇인가, 노베르트 회르스터). 결국 법실증주의자는 악법도 법이라고 선언하지만 그 악법이 반드시 준수되어야 한다고 주장하는 것은 아니라는 것입니다.

그렇다면 결론은 다음과 같이 귀결되는 셈입니다. 악법은 법이 아니고 지킬 필요가 없다(자연법론자). 악법도 법이므로 지켜야 한다(일부 법실증주의자). 악법도 법이지만 반드시 지켜야 하는 것은 아니다(일부 법실증주의자).

악법은 법인가Ⅱ -실천의 문제-

악법은 모두의 문제

악법도 법인가라는 질문은 결국 '악법을 지켜야 하는가'라는 악법에 대한 대응과 태도문제로 귀결됩니다. 인류역사에서 끊임없이 위 질문이 제기되어온 것은 단순히 악법도 법인지 알아보기 위해서나 지적인 만족을 위해서가 아닙니다. 실정의 법률 속에서 살 수밖에 없는 존재로서 구체적 현실로 다가온 악법을 어떻게 대할 것인가 하는 실존적이고 현실적인 고민으로부터 이 문제가 제기된 것입니다.

그러므로 우리 모두는 그가 자연법론자든, 법실증주의자든, 일반인이든, 법집행자든 가릴 것 없이 이 문제로부터 자유롭거나 예외일 수가 없습니다. 법의 1차적 수범자인 일반 국민이야 말할 것도 없지만 법의 집행자인 공무원, 법의 해석자인 법원 모두에 공통되는 문제이고 어쩌면 이들에게 더욱 중요한 문제이기도 합니다. 전후 독일의 과거청산 문제에서 보듯 나치 치하의 악법을 단순히 집행하였거나 그 법에 따라 판결하였다고 하여 면책되거나 형사상 책임에서 완전히 자유로울 수는 없기 때문입니다.

앞서 뉘른베르크 인종법을 언급하였는데, 단지 유대인과 혼인하였다는 이유로 당사자를 체포·구속하고 징역형에 처한 수사관이나 법원의 판사는 아무런 민·형사상 책임이나 잘못이 없는 것일까요? 물론

'악법도 법이고 지켜야 한다'고 생각하는 일부 법실증주의자들은 당시로서는 합법적인 행위였기 때문에 사후에 이를 처벌하는 것은 부당하고 법적안정성에 반한다고 생각할 것입니다. 그러나 '악법은 처음부터 무효'라고 생각하는 자연법론자나 '악법도 법이지만 반드시 지켜야 하는 것은 아니다'라고 생각하는 일부 법실증주의자들은 이러한 법집행은 위법하고 처벌하는 것이 정의라고 생각할 것입니다.

악법은 공동의 창작

여기서 한 가지 짚고 넘어갈 것은 악법이 오로지 특정한 개인이나 정치집단의 산물인가, 공동체 구성원의 책임은 없는가 하는 것입니다. 물론 전제권력이 자의적으로 법을 제정하고 집행하던 왕조시대나 봉건국가에서는 법은 권력에 의해 일방적으로 강요된 것이었고 일반 국민들은 순전히 악법의 피해자라 볼 수 있을 것입니다.

그러나 현대 국가에서는 국민에 의해 선출된 대표기관(의회, 행정부)이 법을 제정하고 집행하며, 따라서 오늘날 시행되고 있는 법이 악법이라고 한다면 이는 일차적으로 그 제정에 관여한 정부와 국회의 책임이겠지만 이들을 선출하고 그들이 행동을 용인하거나 방관한 국민의 책임도 없지 않을 것입니다.

위 뉘른베르크 인종법도 독일국민에 의해 합법적으로 선출된 나치정권 하에서 제정되고 시행되었으며, 악법의 대명사라 할 미국의 금주법도 국민의 지지 없이 생겨난 것이 아닙니다. 위 금주법은 근로능력과 생산성 저하를 우려하는 산업자본가들과 음주를 금기시하는 기독교근본주의자 그리고 이들을 정치적으로 대표하는 보수파(공화당) 등 당시의 지배세력이 주도하였으나 거기에 산업화에 반발하는 농민, 음주에 반대하는 여성이 동조하였고, 1차대전 발발로 독일(맥주산업)에 반감을 갖는 일반국민의 정서까지 더해져서 입법되기에 이르렀습니다.

결국 현대의 악법이란 전제정치시대와 달리 오로지 특정한 개인이나 정치집단의 자의적 창작품일 수 없으며, 일반 국민의 동조, 침묵, 외면을 필요조건으로 해서 만들어지는 공동의 창작물이라 할 것이고, 그에 대한 책임도 함께 나눠 가질 수밖에 없는 것입니다.

소로우의 세 가지 질문

이제 결론을 내려야할 때가 되었습니다. 악법에 대한 대응태도는 현실적으로 세 가지 밖에 없고 이에 대해서는 헨리 데이빗 소로우의 아래의 질문이 잘 표현하고 있습니다.

> 불의의 법들이 존재한다. 우리는 그 법을 준수하는 것으로 만족할 것인가. 아니면 그 법을 개정하려고 노력하면서 개정에 성공할 때까지는 그 법을 준수할 것인가. 아니면 당장이라도 그 법을 어길 것인가(시민의 불복종, 소로우).

앞의 두 태도가 법실증주의와, 세 번째 태도가 자연법론과 친숙한 것은 사실이지만 '악법의 존재와 그 준수 여부는 별개'이고, 법실증주의자들 중에서도 세 번째 태도를 긍정하는 사람이 있을 수 있다는 점은 앞서 살펴본 바와 같습니다.

첫 번째 태도는 아무래도 정의 관념에 부합하지 않고 세 번째 태도는 법적안정성을 깨트릴 수 있기 때문에 아마도 많은 사람들은 양극단을 배제한 두 번째 태도가 가장 이성적이고 바람직한 태도라고 생각할 것입니다. 소로우도 앞의 질문에 이어 '사람들은 일반적으로 지금과 같은 정부 밑에서는 다수를 설득시켜 법을 개정시킬 수 있을 때까지는 기다려야 한다고 생각한다'고 말하고 있습니다.

각자가 자기 기준에 따라 마음대로 악법이라 선언하고 불복종한다면 법적 평화는 깨질 수밖에 없다는 점에서, 법적 안정성을 유지하면서도 법의 개선을 도모하려는 두 번째 태도가 일응 설득력을 갖는 것은 사실입니다. 그러나 한편으로 법의 '개정노력'을 하면서 다른 한편으로 이를 '준수'한다는 것이 말처럼 쉬운 것은 아닙니다. '개정노력'과 '준수'는 마치 '뜨거운 얼음'처럼 모순이고 이율배반이며, 내심과 행동의 분열을 초래합니다. 고도의 이성적 태도와 자제력이 없이는 이를 실천하기 어렵고 결국에는 '개정노력'과 '준수' 중 어느 하나를 택일하는 것으로 끝날 수도 있습니다.

소로우로 말하자면 당장이라도 그 법을 어기자는 쪽을 택했고, 그는 노예제도와 멕시코전쟁을 위한 인두세 납부를 거부하였으며, 그로 인해 투옥된 경험을 바탕으로 명저 '시민의 불복종'을 저술하게 되었습니다.

다행히도 현대국가의 법은 인간 이성의 한계에 의해서, 정치권력의 필요에 의해서, 일시적 흥분과 포퓰리즘에 의해서, 법률문외한인 입법자(국회의원)에 의해서, 이익집단의 로비에 의해서, 실적주의에 의해서, 그 밖의 다른 여러 가지 이유에 의해서 악법이 생산될 수 있음을 인정하고 저항권, 시민불복종권, 청원권, 헌법소원권, 위헌법률심사권 등 각종 불복제도를 그 안에 제도화하고 있습니다. 따라서 소로우의 고민과 달리 오늘의 우리는 불의의 법을 마냥 참고 인내하지 않아도 되며, 또 그렇게 하는 것이 개인의 권리를 구제할 뿐 아니라 좋은 법과 좋은 세상을 만드는 길이기도 합니다. 이제 누구라도 악법이라고 여겨지는 법이 있다면 당장 인터넷사이트에 카페를 만들어 법 폐지를 위한 서명운동을 하거나, 국회를 찾아가 폐지법안의 제출을 청원할 수 있고, 구체적 사건의 경우 헌법재판소에 제소하여 그 유·무효를 다툴 수 있는 것입니다.

복수와 형벌은 어떻게 다른가

형벌과 복수

복수가 자연상태의 것이라면 형벌은 법(국가)상태의 것입니다. 법의 현신(現身)인 국가는 폭력의 독점체이고 사인의 폭력을 엄격히 금지하는 대신 그 수중에 폭력을 독점합니다. 법(국가)상태하에서도 명예나 의리, 충효로 인한 사적복수(서양의 결투나 동양의 복수살인)가 있었고, 일부 용인되기도 하였지만 오늘날에는 전면 금지되어 국가의 형벌로 모두 수렴되었습니다. 이처럼 형벌과 복수는 합법과 불법, 허용되고 금지되는 것이라는 근본적 차이가 있습니다.

물론 이는 개별 국가를 단위로 한 것이고, 세계적 차원에서는 그 명목이 어떠하든 본질에 있어 복수의 성격을 갖는 전쟁이 현재도 계속되고 있습니다. 앞서 힘없는 법도 법인가에서 살펴본 것처럼 국제적 차원에서 개별 나라는 여전히 자연상태를 크게 벗어나지 못했기 때문입니다.

복수와 형벌의 차이는 그뿐만이 아닙니다. 복수는 피해 당사자나 그 가족, 친구에 의해서 행해지는 반면 형벌은 피해와 직접 관련이 없는 제3자(국가기관)에 의해서 이루어지고, 복수가 당사자의 원한과 감정을 해소할 목적으로 행해진다면 형벌은 정의와 평화를 실현할 목적으로 행해집니다. 복수는 상대방에 대한 아무런 절차의 보장 없이 종종 기습적으로 행해지지만, 형벌은 상대방에게 충분한 변명의 기회와 절차를 보장하면서 부과됩니다. 복수는 피해와의 비례관계를 고려함이 없이 오히려 이를 초과하지만, 형벌은 피해와의 엄격한 비례성을 유지하며 가해집니다.

이처럼 형벌과 복수는 주체, 목적, 절차보장, 비례성의 모든 측면에서 그 성격을 달리합니다. 살인죄와 사형, 재산죄와 벌금형, 체포·감금죄와 자유형이 등가의 폭력이면서도 전자가 불법으로 후자가 합법으로 평가될 수 있는 이유는 폭력행사의 주체가 개인인가 국가인가에만 있는 것이 아니라 이처럼 폭력행사의 목적과 절차, 비례성의 유무에 있어서 차이가 있기 때문입니다.

따라서 국가의 형벌이 원한과 감정에 싸여, 아무런 변명의 기회와 절차보장도 없이, 피해와의 비례성도 고려하지 않은 채 부과된다면 이는 사적인 복수와 아무런 차이가 없고 정당성도 명분도 인정될 수 없는 것입니다. 국가의 형벌은 적어도 복수보다 나은 것이어야 합니다. 베카리아는 '형벌은 어떤 경우에도 일개 시민에 대하여 일인 혹은 다수가 저지르는 폭력행위로 되어서는 안 된다'고 하였습니다(범죄와 형벌, 체사레 베카리아).

차이의 결과

복수와 형벌의 이런 차이는 보다 중요한 결과를 낳는데, 복수가 또 다른 복수를 부르고 끊임없는 보복의 악순환을 초래한다면 형벌은 이러한 악순환의 고리를 끊고 폭력을 종식시킨다는 것입니다.

또 다른 중요한 차이는 복수는 초과보복(超過報復)이나 적어도 동해보복(同害報復)임에 반해 형벌은 축소보복(縮小報復)을 결과한다는 점입니다. 당사자의 원한이나 감정을 해소하기 위해서는 적어도 그가 받은 피해와 동일하거나 그보다 더 큰 보복이 이루어져야 하지만, 제3자인 국가기관이 정의실현을 목적으로 형벌을 부과하는 경우에는 그럴 필요가 없으며, 또 당사자에게 충분한 변명의 기회를 보장하고 피해와의 비례성을 고려하면서 형벌을 부과하게 되면 그 형벌은 필연적으로 발생한 피해(결과)보다 과중할 수 없게 됩니다.

많은 사람들은 '눈에는 눈, 이에는 이'처럼 동해보복을 하는 것이 정의라고 생각하지만, 이는 사적 복수와 전혀 다를 것이 없고, 오히려 축소보복이 정당한 응보이고 정의로운 것입니다.

물론 범죄행위가 전적으로 범죄자 개인의 자유의지의 발로일 때 그에게 모든 책임을 묻는 것은 가능합니다. 그러나 앞서 법률적 인간관에서 살펴보았지만 범죄는 개인의 자유의사의 발로임을 부인할 수 없지만 동시에 소질과 환경의 요소도 무시할 수 없으며, 또 범죄에는 피해자의 과실이나 원인제공도 작용합니다. 따라서 이러한 경우 발생한 결과에 대한 모든 책임을 범죄자 개인에게 지우는 것은 정당한 것도 아니고 책임주의에도 반합니다. 범죄의 원인 중에 개인의 책임으로만 돌릴 수 없는 소질과 환경, 피해자 측 요인이 단 몇 %라도 포함되어 있다면 그에게 100%의 책임을 묻기는 어려운 것입니다.

그런 이유로 범죄의 원인이 오로지 범죄자 개인의 자유의지에 있다고 보는 구파는 사형제에 호의적인 반면, 범죄에 있어 소질과 환경의 요소를 무시할 수 없다는 신파나 절충적 견해는 대체로 부정적인 태도를 보입니다.

형벌의 목적은 무엇인가

형벌의 목적

임마누엘 칸트는 '설령 한 시민사회가 구성원 모두의 동의하에 사회를 해체하기로 결정하는 경우에도 감옥에 남아 있는 마지막 살인자는 그 전에 반드시 처형해야 한다'고 하였고, 헤겔은 형벌은 '법의 부정에 대한 부정' '일반의지를 부정하는 특수의지에 대한 부정'이라고 보았습니다.

반면 체사레 베카리아는 '형벌의 목적은 오직 범죄자가 시민들에게 새로운 해악을 입힐 가능성을 방지하고, 타인들이 유사한 행위를 할 가능성을 억제시키는 것이다'고 말합니다.

같은 형벌이지만 전자는 과거를 지향하고 후자는 미래를 지향하며, 전자는 형벌의 목적을 고려함이 없지만 후자는 분명한 목적을 염두에 두고 있습니다.

그렇다면 국가의 형벌은 어떤 원리에 따라 가해지는 것이며, 형벌의 목적은 어디에 있는 것일까요?

형벌이 가해지는 것은 크게 두 가지 이유 때문입니다. 하나는 '죄를 지었기 때문에' 그에 상응한 벌을 준다는 것이고, 다른 하나는 '죄를 짓지 못하도록 하기 위해서' 벌을 준다는 것입니다(범죄와 형벌-올바른 형법을 위한 변론, 빈프리트 하세머). 전자를 응보설(정의설)이라고 부르고, 후자를 예방설(억지설)이라고 부를 수 있습니다.

응보설은 형벌은 달리 목적이 필요 없고 범죄 그 자체에 대한 정당한 응보가 중요하다는 입장이고, 예방설은 일반인(비범죄자)에게 겁을 주어 유사 범죄를 막기 위해서(일반예방이론) 또는 범죄자를 격리·교정·치료하여 그들의 재범을 막기 위해서(특별예방이론) 형벌을 과하는 것이라고 생각합니다. 한마디로 응보설이 과거 범죄에 대한 대응이 목적이라면 예방설은 말 그대로 미래 범죄에 대한 예방을 주 목적으로 합니다.

그런 까닭에 대다수 사람들은 예방설이 옳고 바람직하다고 생각합니다. 부모나 선생님들이 그저 아이들이 '잘못을 했기 때문'이 아니라 '잘못을 (반복)하지 않도록 하기 위해서' 징계를 하는 것처럼 국가의 형벌도 마땅히 그러해야 한다고 말입니다. 그러나 문제가 그렇게 간단한 것은 아닙니다.

예방설과 연좌제

예방설의 장점은 무엇보다 형벌이 복수와 구별되어야 한다는 것, 그리고 과거를 향할 것이 아니라 현재와 미래의 사회개선을 위해 부과되어야 한다는 것을 명확히 한 데 있습니다. 반면에 예방설을 고수하면 중형주의(重刑主義)나 무고한 자에 대한 처벌로 흐를 위험도 있습니다. 범죄예방을 위해서는 삼족(三族)을 멸하거나 범죄자를 효수(梟首)하여 성문 밖에 내거는 것처럼 가혹한 형벌일수록 효과가 크고, 그가 설령 진정한 범죄자가 아니라도 처벌을 통해 일반예방효과를 누리는 데는 아무런 지장이 없기 때문입니다.

형벌을 재범방지를 위한 수단으로 보는 예방설에 따르면 교화·개선의 필요가 없는 범죄자는 아무리 중한 죄를 저질렀다 하더라도 형벌이 부당한 반면 개선 가능성이 희박한 범죄자는 아무리 가벼운 죄를 범했다 하더라도 중한 형벌을 받아야 하는 모순이 발생하고, 범죄억지에 성공했느냐 못했느냐에 따라 형벌이 정당하기도 하고 부당해지기도 하는 이상한 결과를 초래합니다.

범죄예방효과는 오늘날에는 전면금지되고 있는 연좌제 같은 것을 시행하면 더욱 강한 힘을 발휘합니다. 이를테면 조선시대 재가금지법, 금고법(禁錮法) 같은 것은 연좌제로 인해 상당한 효과를 보았습니다. 양반가 과부의 재혼을 금지하는 이 법은 재혼의 효력을 직접 부인하는 것도 아니고 위반자를 형사처벌하는 것도 아닌데 400여 년 이상 효력을 발휘했는데, 그 이유는 법을 어기고 재가한 부녀의 자손을 서얼과 마찬가지로 관리에 등용하지 않았기 때문입니다. 요즘 말로 하면 재혼한 여자의 자손들은 영영 공무원이 될 수 없다는 것인데, 교육열과 자식사랑이 대단한 우리 전통에서 이와 같은 불이익을 무릅쓰고 재가하기는 쉽지 않았을 것이며, 이는 오늘날에도 마찬가지일 것입니다.

응보설

응보설은 흔히 '눈에는 눈, 이에는 이'로 설명되고, 마치 냉혹한 엄벌주의처럼 이해되고 있습니다. 그러나 공적 응보로서의 형벌은 축소보복을 지향하고 그것이 정당한 응보이자 정의라는 것은 앞서 본 바와 같습니다. 따라서 '눈에는 눈, 이에는 이'라는 말은 '자신의 눈을 잃게 만든 죄인의 눈도 뽑아버려야 한다는 요구가 아니라, 오히려 그 정반대로 눈을 잃었다고 해서 죄인의 목을 치는 것과 같이 과도한 벌을 주지 말라는 요청'[2]으로 해석되어야 하며, 범죄를 저지른 바로 그 사람에게, 그 범죄에 상응하는 형벌만을 부과하라는 것으로 이해되어야 합니다.

이것이 응보설이 다른 말로 정의설이라 불리는 이유입니다. 한편 응보설은 또한 절대설입니다. 인간은 그 자체가 목적이며, 다른 목적을 위한 수단이 될 수 없고 형벌 또한 다른 목적을 지향해서는 안 된다는 것입니다. 형벌을 일반예방(위하)과 특별예방(재범방지)을 위한 수단으로 보게 되면 범죄자는 일벌백계(一罰百戒)를 위한 도구나 다른 사람에게 겁을 주기 위한 수단, 본보기로 전락하게 됩니다.

응보설은 물론 여러 문제가 있습니다. 형벌이 현재와 미래에 있어 어떤 긍정적 작용과 역할을 하여야 하는가 하는 문제를 도외시 한 것은 치유하기 어려운 응보설의 한계입니다. 응보설에 따르면 모든 형벌은 기계적으로 집행되어야 하고, 교정(矯正)이라든가 사면이라든가 집행유예, 가석방과 같은 오늘날 일상화된 형사제도를 설명하기 어렵습니다. 그럼에도 응보설이 오늘까지 의미가 있는 것은 이처럼 응보설이 정의에 주목하고 인간의 존엄성에 부합하기 때문입니다.

따라서 오늘날에는 범죄억지, 사회의 개선이라는 목적을 고려하되 누구에게, 어느 정도의 형벌을 가할 것인가에 대해서는 응보설의 문제의식을 견지하는 절충적 태도가 등장하게 되었고, 실제의 형벌은 이들 요소를 복합적으로 고려하여 부과되고 있습니다.

---

2) 범죄와 형벌 -올바른 형법을 위한 변론-, 빈프리트 하세머

동물재판

그렇다면 중세의 동물재판은 어떻게 설명할 수 있을까요? 중세에는 갓난아이를 죽인 돼지, 목사의 설교를 방해한 참새, 곡식을 축낸 쥐부터 메뚜기, 달팽이 등 동물들에 대한 재판이 종종 열렸습니다. 통상의 재판처럼 일반 법정이나 교회에서 판사, 검사 등이 참여한 가운데 판결문을 낭독하고 형을 집행하는 방식으로 이루어졌고, 동물재판이 열리면 마을 주민들은 물론 경고의 의미로 마을의 해당 동물을 모두 참석시켰다고 합니다(마리자겐슈나이더, 클라시커 50재판, 해냄).

중세 사람들, 특히 법집행자들도 동물이 범죄를 저지르고 형벌을 감당할 능력－이성·자유의지－이 없다는 것을 알았음에도 이런 동물재판이 한동안 계속된 이유는 무엇일까요?

주민들의 응보감정을 적절히 만족시키고 불안과 동요를 잠재우려는 것, 짐승의 모습으로 나타난 악마(마녀)를 단죄함으로써 기독교적 세계관과 지배체제를 공고히 하려는 것이었습니다. 동물재판은 실상은 동물이 아니라 사람(주민)들을 단속하기 위한 것이었고 이를 위해 마을 사람들과 애꿎은 동물들을 줄줄이 법정으로, 처형장으로 소환했던 것입니다.

사형(死刑)은 정의인가

유용성 문제

사형은 가장 오래된 형벌이자 사람의 생명을 빼앗는 극단의 형벌입니다. 그런 이유로 오랜 세월 찬·반을 놓고 수많은 주장이 제기되었고 따라서 이를 재론하는 것이 진부한 감마저 들지만 여전히 중요하고 실천적인 주제임에는 변함이 없습니다.

사형제에 대한 그간의 수많은 논란을 한마디로 함축하면 다음과 같습니다. 사형은 정말로 유용한가 그리고 정당한가?[3)]

사형제의 유용성 문제는 결국 위 제도가 강력범죄억제효과, 이른바 일반예방효과가 우월한가 하는 점입니다. 그러나 인류역사와 함께 사형제도가 계속 지속되어 왔지만 강력범죄가 끊이지 않았다는 단순한 사실은 사형제의 유용성에 심각한 의문을 제기합니다. 이에 관해 베카리아는 '사형은 결심이 선 인간이 사회를 짐해하는 것을 방지하지 못했음을 모든 시대의 경험은 입증하고 있다'고 말합니다.

유감스럽게도 사형폐지국가(또는 주)에서 강력범죄가 더 많이 발생한다거나 사형을 폐지했더니 강력범죄가 늘었다는 일관되고 유의미한 통계는 없습니다. 우리나라도 15년 이상 사형집행을 하지 않아 실

3) 범죄와 형벌, 체사레 베카리아

질적인 사형폐지국가로 분류되지만 그 때문에 강력범죄가 더 증가했다는 증거는 제시되지 못하고 있습니다. 오히려 베카리아의 말처럼 '형벌의 엄혹성' '형벌의 강도'가 아니라 '형벌의 확실성, 신속성, 지속성'이 범죄예방에 더 효과적일 수 있고, 효과적인 교육·복지·치안정책이 범죄억제에 더 크게 영향을 미칠 수도 있습니다.

베카리아는 '범죄와 형벌 사이의 시간적 간격이 적으면 적을수록 사람들의 마음속에는 범죄와 형벌이라는 두 관념 사이의 연상이 더 강력하고 지속적으로 될 것이다.' '형벌은 비록 온건하더라도 확실하기만 하면 형 면제의 희망이라는 요행수와 결부된 무시무시한 처벌의 공포감보다 훨씬 더 큰 인상을 심어줄 것이 틀림없다' '범죄에 대한 가장 강력한 억제력은 한 악당이 처형되는 장면을 목격하는 데서 생겨나지 않는다. 이는 무시무시하지만 그 효과 면에서 일시적이다. 그보다는 자유를 박탈당한 채 짐 나르는 짐승처럼 취급받고, 자신의 노동으로 그가 사회에 끼친 손해를 속죄하는 인간의 모습을 오래 보게 하는 것이 더 효과적인 억제책이다'라고 말합니다. 따라서 강력범죄억제효과를 이유로 사형제를 옹호하는 것은 별반 설득력이 없습니다.

정당성의 문제

사형제의 정당성 문제는 주로 사형제도가 사회계약의 범위를 넘어선 것, 사회계약의 내용에 없는 것이라는 데 있습니다. 자신의 생명·자유·재산을 지키기 위해 사회계약을 체결한 인간들이 자신의 생명을 빼앗을 권리를 국가에 양도할 리 없다[4]거나, 인간의 생명은 신(神)이 준 것이므로 사람에게는 처분권이 없고 따라서 이를 국가에 양도할 수도 없다는 것입니다. 누구든 자기가 가지고 있는 것 이상을 남에게 줄 수 없기 때문입니다.

실제로 중세에는 이러한 세계관·생명관에 기초해 자살을 범죄로 인정하고 처벌하기도 하였습니다. 자살자를 발가벗겨서 거꾸로 세운 다음 거리를 끌고 다니다가 마지막에는 교수대에 매달았던 것입니다.

그러나 이처럼 '의제된' 사회계약이나 종교적 생명관으로부터 사형제의 정당성 문제를 거론하는 것은 오늘날에는 큰 설득력을 가질 수 없고 이제 '책임주의원칙'이 그 자리를 대신해야 합니다. 범죄는 개인의 자유의사의 발로이지만 동시에 소질과 환경의 요소도 무시할 수 없으며, 따라서 발생한 결과에 대한 모든 책임을 범죄자 개인에게 지우는 것은 책임주의와 비례성에 반한다는 것입니다. 국가는 축소보복을 지향할 수밖에 없고 그것이 참된 정의이며, 사형제는 이러한 정의에 반한다는 것입니다.

구체적 문제들

사형제는 절대적 가치라 할 생명을 제거하는 극단의 형벌이라는 점에서, 또 단죄하려는 불법(살인)과 그 수단과 결과에 있어서 전적으로 동일하다는 점에서, 교정(矯正)과 교화의 포기라는 점에서 법의 이념인 정의에 부합하기 어렵습니다. 사형제에 이르러서 국가는 범죄자와 하나도 다르지 않은 존재가 되고 맙니다. 사형제는 범죄의 결과를

4) 베카리아는 '법은 개개인의 특수의사의 총체인 일반의사를 대표한다. 그런데 자신의 생명을 빼앗을 권능을 타인에게 기꺼이 양도할 자가 세상에 있겠는가?'라고 말합니다.

모두 범죄자 개인의 책임으로 돌리는 것으로써 책임주의와 비례성의 원칙에 반하며, 사형을 선고하고 집행하는 자에 대한 인권침해와 정신적 고통도 간과될 수 없습니다.

'선고는 하되 집행은 하지 않는 것' 또한 미봉책(彌縫策)이자 법의 권위와 규범력을 떨어뜨리는 일이며, 정권의 성격이나 권력자의 성향에 따라서 언제든지 사형집행이 재개될 수 있다는 점에서 법적 안정성을 저해하는 것이기도 합니다.

재판은 능력이 유한한 인간이 하는 일이고, 오판의 소지는 항상 존재하며 실제로 살인사건과 같은 강력범죄에서 1,2,3심을 거치면서 판결이 뒤집어지는 경우는 어렵지 않게 발견됩니다. 그런데 사형은 오판을 시정하고 피해를 회복하는 것을 원천적으로 불가능하게 합니다.

법정형으로 사형이 규정된 범죄에는 살인, 강도살인, 현주건조물방화치사상과 같이 타인의 생명을 침해하는 강력 범죄도 있지만 오히려 형법상 내란죄, 외환유치죄, 여적죄, 모병이적죄, 시설제공이적죄, 시설파괴이적죄, 간첩죄와 각종 군형법위반죄,[5] 국가보안법위반죄[6] 등 국가안보와 관련된 범죄가 훨씬 많고, 따라서 정치적 남용의 소지도 무시할 수 없습니다.

앞서 소크라테스의 사형판결에서 본 것처럼 사형제도는 종종 정치적 경쟁자, 진보적 사상가, 신흥 종교인을 탄압하는 수단으로 남용되었으며, 예수, 소크라테스, 얀 후스, 토마스 모어 등 많은 위대한 성인들이 형장의 이슬로 사라져갔습니다. 우리 역사만 봐도 진보당 사건의 조봉암, 민족일보의 조용수, 인혁당 사건의 8인 등 많은 사람들이 사형

---

5) 반란, 반란목적군용물탈취, 군대및군용시설제공, 군용시설등파괴, 간첩, 일반이적, 불법전투개시, 불법전투계속, 불법진퇴, 항복, 직무유기, 수소이탈, 항명 등

6) 반국가단체구성, 목적수행 등

제도의 이름으로 처형되었습니다. 수 십 년의 세월이 흘러 이들은 재심을 통해 대부분 무죄를 선고받고, 국가배상을 받았으나, 이미 처형된 사람들은 돌아올 수 없었습니다.

형의 종류

사람들이 소중하게 생각하는 여러 가치들, 사회적 행복의 제 조건들-예를 들면 생명, 자유, 재산, 명예, 평등, 국가, 진실, 정의, 질서, 가족, 복지, 인간애, 사회적 연대 등 사이에 우선순위나 위계질서를 명시적으로 규정한 헌법이나 법률규정은 없습니다.

다만, 간접적으로 이를 드러내는 규정이 없지는 않은데, 우리 형법 제41조, 제50조와 같은 것이 그러합니다. 형법 제41조(형의 종류)는 '형의 종류는 다음과 같다. 1. 사형 2. 징역 3. 금고 4. 자격상실 5. 자격정지 6. 벌금 7. 구류 8. 과료 9. 몰수'라고 규정하고 있고, 형법 제50조(형의 경중) 제1항은 '형의 경중은 제41조 기재의 순서에 의한다'고 규정하고 있습니다.

그런데 몰수는 다른 형에 부가하여 과하는 것이고, 구류와 과료는 단기 자유형과 소액 벌금형의 성격이 있으므로 이를 배제하면 우리 형법에 따른 형의 경중은 결국 생명형(사형), 자유형(징역·금고), 명예형(자격상실·자격정지), 재산형(벌금)의 순서이고, 형이 중하다는 것은 더 큰 법익의 박탈을 의미하므로 우리 형법은 생명을 자유보다, 자유를 명예보다, 명예를 재산보다 더 큰 가치이자 법익으로 본다는 것을 뜻합니다.

형법 제22조의 긴급피난과 같은 것도 가치 간의 우열이 있고 이를 판별할 수 있다는 것을 전제로 합니다. 우리 형법은 '자기 또는 타인의 법익에 대한 현재의 위난을 피하기 위한 행위는 상당한 이유가 있는 때에는 벌하지 아니한다'고 하여 이를 위법성조각사유(무죄의 사유)로 규정하고 있는데, 그러기 위해서는 긴급피난행위로 보호되는 가치(이익)가 이로 인해 침해되는 가치(이익)보다 본질적으로 우월하여야 합니다. 응급환자를 이송하기 위하여 속도위반을 하는 경우라든가 유아를 물려는 맹견을 때려죽인 경우 등이 그러합니다.

이는 형벌에 투영된 가치판단이지만 형법의 영역에만 국한되는 것은 아니고 입법자(국민)의 지배적인 의사, 일반적인 태도라고 볼 수도 있습니다. 법이란 그 시대의 지배적인 힘과 의지를 반영하는 거울이고, 형법은 이러한 법의 전형이기 때문입니다.

그러나 이는 일응의 기준일 뿐, 누구에게나 또 모든 경우에 있어서 타당한 것은 아니고 실제 가치판단이 문제되는 영역은 훨씬 복잡하고 다양합니다.

생명과 자유

일반적으로 생명(권)은 최고의 절대적 가치로 평가되지만 '자유가 아니면 죽음을 달라'며 희생을 불사하는 것도 인간이며, 국가나 명예와 같은 다른 가치를 위해 기꺼이 자신의 생명을 버린 사례도 부지기수입니다. 이슬람권에서 종종 발생하는 이른바 명예살인 – 가족이나 집안의 명예를 더럽혔다는 이유로 가족 구성원 특히 여성을 잔혹하게 살해하는 행위 – 도 가치의 전도, 지역·문화적 차이를 보여줍니다.

'생명이 최우선의 가치이냐, 자유가 최우선의 가치이냐'하는 논쟁은 법철학의 역사에서 오래전부터 논란이 된 주제이며, 이른바 '노예(죄수)의 딜레마–벗어날 길 없는 노예(죄수) 상태에서의 자살은 도덕적으로 정당한가'는 그 대표적 화두입니다(정의란 무엇인가, 켈젠). 만약 종신형을 살고 있는 어떤 죄수에게 '10년의 자유와 10년의 생명 단축을 선택하라'고 한다면 과연 그가 어떤 선택을 할 것인지 단언하기 어렵습니다.

낙태죄가 논란이 되는 것도 같은 이유입니다. 생명과 자유가 정면으로 충돌하는 사안이기 때문입니다. 태아의 생명이 우선하는가, 산모(부모)의 자유(행복추구권, 자유로운 사생활형성권·자유로운 의사결정권)가 우선하는가 하는 문제는 생각보다 간단치 않고, 특히 육아와 보육복지가 취약한 사회에서는 산모(부모)의 자유문제를 넘어 생존권 문제의 성격도 있습니다.

생명과 자유가 일견 구별되는 까닭에 이를 대립된 가치로 보는 생각이 없지 않고, 심지어 '자유가 밥 먹여주느냐'는 비아냥도 있지만 한편으로 자유는 생명의 조건이자 본질이며 그 때문에 인간은 자유를 위해 자신의 고귀한 생명을 바치기도 하는 것입니다.

가치는 변하는 것

비교적 우열이 분명할 것으로 생각하였던 생명과 자유의 관계도 이러할진대, 자유와 평등, 자유와 사회적 연대(나쁜 사마리아인 법), 자유와 건강권(의료보험강제가입), 자유와 안전권(골목길 CCTV 설치), 진실성과 인간성, 법적 안정성과 정의, 개인과 국가처럼 그 우열을 가늠하기가 쉽지 않은 가치들의 대립·충돌의 경우에는 문제가 더욱 복잡합니다.

정의와 사랑(자비)의 관계도 그렇습니다. 법의 목적이 정의라면 종교의 목적은 사랑(자비)이라고 할 수 있는데, 이처럼 서로 관련이 없는 듯한 두 가치가 서로 대립하기도 하고 때로는 정의가 사랑에 자리를 양보해야 할 때도 있습니다. 셰익스피어는 '베니스의 상인'에서 '자비심으로 정의가 완화될 때 현세의 권력은 하나님의 권세에 가장 가까워지는 것이다. — 그대가 호소하는 바는 정의이지만 다음을 잘 생각해 보길 바란다. 정의만을 내세우면 구원을 받는 자가 아무도 없지 않겠는가'라고 말하고 있습니다(셰익스피어 정의를 말하다. 켄지 요시노).

뿐만 아니라 가치는 시대마다 그 중요성을 달리하고, 어제는 최고의 절대적 가치로 평가받던 것이 오늘날에는 그 지위를 상실하는가 하면 반대로 과거에는 별로 주목받지 못하던 것이 오늘날에는 중요한 가치로 부상하는 등 시대에 따라 변화하는 것이기 때문에 가치간 우열을 일률적으로 규정하기도 어렵습니다.

비근한 예로 조선시대에는 오늘날 최고의 가치로 평가받는 생명, 자유보다도 더 중요한 가치가 있었는데, 바로 충·효의 가치였고 이 충·효의 가치는 법제도 전반에 깊숙이 뿌리를 내리고 사람들의 생각과 행동을 통제하였습니다.

조선시대의 10대 중범죄(十惡罪) 중, 모반죄(謀反罪－쿠데타나 혁명 모의죄), 모대역죄(謀大逆罪－종묘, 왕능, 궁궐 등 파괴음모죄), 모반죄(謀叛罪 －간첩죄), 대불경죄(大不敬罪－왕실 물건을 훔치거나 왕의 약, 음식을 잘못 조제하는 죄) 등 4가지는 충과 관련한 범죄이고, 악역죄(惡逆罪－조부모나 부모를 폭행·살해하거나 또는 이를 음모하는 죄), 불효죄(不孝罪 －조부모나 부모를 고소하거나, 악담, 욕설, 봉양하지 않는 죄), 불목죄(不睦罪－친족·남편을 구타·고소하거나 살해 음모하는 죄), 내란죄(內亂罪－근친·부조의 첩을 강간·화간하는 죄) 등 4가지는 효제를 강조하는 범죄이며, 나머지가 불의죄(不義罪－군인·관리의 하극상이나 평민의 공무원 살해)와 부도죄(不道罪 연쇄살인범 등 극악범죄)였습니다.

그 중 불효죄를 보면 부모 등을 무고하면 교수형, 악담·욕설하는 경우에도 부모가 고소하면 역시 교수형에 처하였고, 불목죄의 경우 남편을 고소하면 장(杖, 큰 매질) 100에 도(徒, 강제노역) 3년이고, 무고하면 역시 교수형에 처하였습니다.

반면 부모형제의 원수를 갚기 위해 복수살인한 경우는 통상의 사형이 아닌 정배형(定配刑)에 처하였고, 특히 조선후기(정조대)에 와서는 아예 벌하지 않거나 호역(戶役)을 면제하는 특전을 주거나 오히려 크게 표창을 하기도 하였으며, 이에 대해 정약용은 '복수사건의 경우 제대로 심리하지 않고 절의를 지킨 것만 강조하여 대체로 불문에 부치는 것은 큰 폐단이다'라고 지적하기도 하였습니다(류승훈, 조선의 법 이야기, 이정훈, 조선시대 법과 법사상).

절대주의와 상대주의

존재는 가치의 전제이고, 생명이 존재해야 비로소 나머지 가치가 의미를 갖는다는 점에서 생명이 최고의 가치라는 점을 부인할 수는 없습니다. 우리 헌법재판소가 '생명에 대한 권리는 비록 헌법의 명문의 규정이 없다 하더라도 인간의 생존본능과 존재목적에 바탕을 둔 선험적이고 자연법적인 권리로서 헌법에 규정된 모든 기본권의 전제로서 기능하는 기본권 중의 기본권'이라고 판시한 것도 같은 이유입니다.

그러나 앞서 본 것처럼 최고의 가치인 생명마저도 상황에 따라서는 다른 가치와 쉽게 우열을 정하기 어려울 때도 있으며, 생명의 가치를 온전히 실현하기 위해서 다른 가치의 실현이 선행되거나 병행될 필요도 있습니다. 그 밖의 가치들 또한 서로 대립하면서도 의존하는 양면성이 있고, 시대의 변화에 따라 주된 가치의 지위가 변화하기도 합니다.

특히 가치는 각자의 내면적 신념체계에 속하는 것으로서 사람마다 우선순위가 다를 수 있고 이를 외부적으로 강제하기 어려우며, 특정 가치에 대한 강요는 자칫 다른 사람들의 내심의 자유, 양심, 사상, 종교의 자유를 침해할 수도 있습니다.

여러 가치들 중에서 특정 가치에 배타적이고 우월적 지위를 인정하는 태도를 가치절대주의라 부르고 가치의 우열은 주관적이고 상황과 조건에 따라 다를 수 있다는 입장을 가치상대주의라 부릅니다. 두 생각 모두 나름의 근거와 존재이유가 있겠지만 아무래도 상대주의적 태도가 오늘의 현실에 더 필요한 것이라 할 것입니다. 특정 가치의 강조가 종종 전체주의, 획일주의로 치달았던 역사적 경험과 사례를 거론하지 않더라도 민주주의란 서로간 가치의 차이를 용인하고, 다수의 지지를 받는 가치에 그 시대의 우선적 지위를 인정하는 제도에 다름 아니기 때문입니다.

법적 강제의 한계는 어디까지인가 I -해악의 원칙-

법은 자유의 제한을 수반

대다수 운전자처럼 필자도 운전 중에 디엠비(DMB)를 시청하는 버릇이 있었습니다. 다만 한 가지 다른 점이 있다면 디엠비를 시청하는 것이 아니라 라디오처럼 청취한다는 것이었습니다. 실시간 뉴스채널을 틀어놓고 화면은 거의 보지 않은 채 그날의 뉴스를 귀로 들으며 출근하고, 퇴근 무렵엔 프로야구 중계를 틀어놓고 역시 귀로 들으며 귀가하곤 했습니다. 시선을 빼앗길 일이 없어 달리 운전에 큰 방해가 되지는 않았고 습관이 되다보니 차의 시동을 걸면 디엠비부터 켜곤 하였습니다.

그러나 이러한 필자의 행동은 어느 화물차 운전자가 디엠비를 켜놓고 운전하다가 대형사고를 내는 바람에 불법적인 행동이 되고 말았고, 익숙한 생활습관 하나가 깨지게 되었습니다. 우리 도로교통법이 운전 중 디엠비 시청행위를 금지하고 이를 위반하면 20만원 이하의 벌금이나 구류, 과료에 처하도록 개정된 것입니다.

법은 강제규범이기 때문에 어떤 행위가 새로 법의 규율대상이 된다는 것은 그 행위가 명령(금지)과 제재의 대상이 된다는 것이고, 따라서 그만큼 개인의 자유를 제한하는 결과를 낳습니다. 필자는 이제 처벌을 감수하지 않고는 종전처럼 운전 중 디엠비를 켜놓거나 이를 조작하거나 자유롭게 시청할 수 없게 된 것입니다. 우리가 법의 정당성을 새삼 문제삼는 이유가 여기에 있습니다. 잘못된 법이나 불필요한 법 때문에 나의 자유가 부당하게 제한되고 침해될 수도 있기 때문입니다.

어떤 경우에 자유의 제한은 정당화되는가, 법의 개입이나 법적 강제를 정당화하는 원칙이나 기준은 무엇인가 하는 문제가 법철학의 중요 주제로 대두되는 것도 그 때문입니다.

J.S.밀의 주장

이에 대한 가장 명확하고 고전적인 주장이 영국철학자 존 스튜어트 밀의 이른바 '해악의 원칙'입니다. 밀은 다음과 같이 말합니다.

> 인간 사회에서 누구든 다른 사람의 행동의 자유를 침해할 수 있는 경우는 오직 한 가지, 자기 보호를 위해 필요할 때뿐이다. 다른 사람에게 해를 끼치는 것을 막기 위한 목적이라면, 당사자의 의지에 반해 권력이 사용되는 것도 정당하다고 할 수 있다. 이 유일한 경우를 제외하고는, 문명사회에서 구성원의 자유를 침해하는 그 어떤 권력의 행사도 정당화될 수 없다. 본인 자신의 물리적 또는 도덕적 이익을 위한다는 명목 아래 간섭하는 것도 일절 허용되지 않는다. 당사자에게 더 좋은 결과를 가져다주거나 더 행복하게 만든다고, 또는 다른 사람이 볼 때 그렇게 하는 것이 현명하거나 옳은 일이라는 이유에서, 본인의 의사와 관계없이 무슨 일을 시키거나 금지시켜서는 안 된다. 이런 선한 목적에서라면 그 사람에게 충고하고, 논리적으로 따지며, 설득하면 된다. 그것도 아니면 간청할 수도 있다. 그러나 말을 듣지 않는다고 강제하거나 위협을 가해서는 안 된다. 그런 행동을 억지로라도 막지 않으면 다른 사람에게 나쁜 일을 하고 말 것이라는 분명한 근거가 없는 한, 결코 개인의 자유를 침해해서는 안 되는 것이다. 다른 사람에게 영향을 주는 행위에 한해서만 사회가 간섭할 수 있다. 이에 반해 당사자에게만 영향을 미치는 행위에 대해서

는 개인이 당연히 절대적인 자유를 누려야 한다. 자기 자신, 그 자신의 몸이나 정신에 대해서는 각자가 주권자인 것이다(자유론, 존 스튜어트 밀).

요컨대, 인간에게 있어 자유란 무엇보다 소중한 가치이고, 타인을 향한 행위와 그 자신을 위한 행위는 구분되어야 하며, 법적 강제란 타인에게 해악을 끼치거나 그럴 위험이 있는 경우에만 정당화되고, 행위자 자신의 행복을 위한 자유의 제한은 용인되지 않으며, 행위자는 자신의 삶의 주권자이고 최선의 보호자라는 것입니다. 한마디로 타인에게 해악을 끼치지 않는 한, 즉 타인에 대한 해악방지를 위한 것이 아닌 한 법적 강제는 정당화되지 않는다는 것입니다.

앞서 본 운전 중 디엠비 시청행위(켜놓거나 조작하는 행위)를 '해악의 원칙'에 비추어보면 이로 인해 운전자가 시선을 빼앗기거나 주의가 분산되어 교통사고를 야기할 가능성이 커지고, 그만큼 타인에게 해악을 끼칠 위험도 높아지기 때문에 법적 강제가 정당화된다고 볼 수 있습니다.

그렇다면 운전자의 안전띠 미착용행위를 처벌하는 것은 어떨까요. 우리 도로교통법은 역시 운전자가 안전띠를 미착용하는 경우에도 20만원 이하의 벌금이나 구류, 과료에 처할 수 있도록 하고 있습니다. 그런데 운전자의 안전띠 미착용행위는 디엠비 시청행위와는 달리 그것만으로는 교통사고를 야기할 가능성이 더 커진다거나 타인에게 해악을 끼칠 위험이 커진다고 볼 수 없는 행위입니다. 오히려 그 운전자는 안전띠를 미착용했기 때문에 더 조심해서 운전할 수도 있습니다. 밀의 표현대로 한다면 위 처벌조항은 타인에 대한 해악을 방지하기 위한 것이 아니라 운전자 자신의 행복을 위해서 둔 것으로 부당할 수 있습니다.

더 나아가 우리 도로교통법은 운전자가 옆 좌석이나 뒷 좌석 승차자의 안전띠를 매도록 하지 않은 경우에도 20만원 이하의 과태료에 처하도록 규정하고 있습니다. 운전자 자신의 행복을 넘어, 타인의 안전과 행복을 위해 노력하지 않은 잘못까지 묻는 것입니다. 그렇다면 이러한 법 규정은 개인의 자유를 과도하게 침해하는 것으로 잘못된 것일까요?

순전히 자신만을 위한 행위는 있는가

문제는 타인에게 해악을 끼치는 행위와 순전히 자신의 행복을 위한 행위를 명백히 구별하기 어렵다는 데 있습니다. 안전띠를 미착용하는 행위는 언뜻 보면 타인과는 상관없이 오로지 운전자 자신에게만 관련된 행위로 보이지만 안전띠 미착용으로 인해 운전자 자신이 사망하거나 더 큰 피해를 입는다면 그의 가족과 친척, 동료들이 겪을 고통과 손해는 더 커질 수밖에 없고, 각종 보험제도를 운영하는 국가 및 기업의 경제적 부담도 증가하며 결국 이는 국민과 일반 소비자에게 전가될 수밖에 없습니다(법철학, 마틴 골딩). 일견 운전자 자신에게만 관련된 것으로 보이는 행위가 실은 타인에게 해악을 끼칠 위험이 있는 행위가 되는 것입니다.

사람이 누구나 자기 삶의 주권자이고 자기 자신을 위한 최선의 보호자라는 것도 일면의 진실만을 말하고 있을 뿐입니다. 사람은 이성적 측면과 동물적 측면을 모두 가진 모순적 존재로서, 때로 이성이 아니라 본능, 감정, 습관에 따라 의사결정을 하고, 어리석고 후회스런 행동을 수없이 저지르며, 소질과 환경의 지배를 뿌리치지 못합니다. 동성애, 성매매, 마약, 대마초, 도박 등 일견 피해자가 없고 달리 타인에게 해악을 끼칠 위험이 없어 보이는 행위들을 범죄로 규정하고 처벌하는 것은 이처럼 순전히 자신을 향한 행위와 타인에게 해악을 끼칠 행위의 구별이 어렵고, 두 행위가 상호 연관되어 있으며, 개인이 온전히 자기 삶의 주인이 되기 어렵다는 것을 반영하는 것입니다.

그러나 한편 간접적이고 사실적이며, 사회·경제적인 영향까지 타인에 대한 해악에 포함시키게 되면 법적 제재가 불가능한 개인의 자유영역은 대폭 축소될 수밖에 없고, 보호주의라는 미명하에 법이 개인의 행동 하나 하나에 개입하는 통제된 사회에 이를 수도 있습니다. 이런 논리에 따르면 지금까지 개인의 자유영역으로 방임되었던 음주나 흡연 행위에 대해 법적 제재가 가해지지 말라는 법도 없으며, 새로운 금주법, 금연법 시대가 열릴 수도 있는 것입니다.

해악의 원칙의 가치

해악의 원칙이 오늘날에도 의미와 가치가 있는 것은 바로 그 때문입니다. 법이란 필연적으로 자유의 제한을 수반한다는 것, 따라서 그 어떤 것도 법이 될 수 있다고 말할 수는 없으며, 자유의 제한을 정당화할 근거와 기준이 반드시 필요하다는 것을 위 원칙은 상기시켜주고 있습니다.

우리 형법은 자해행위를 처벌하지 않습니다. 이처럼 스스로 자기 신체를 훼손할 자유를 인정하는 마당에 성적 대상을 스스로 선택하고 자기 정신을 몽롱케 할 자유는 왜 인정될 수 없는지 되묻게 함으로써 자유의 소중한 가치를 새삼 생각하게 하는 것입니다.

법적 강제의 한계는 어디까지인가 Ⅱ -나쁜 사마리아인-

法哲學

어떤 상황

어떤 사람이 다리를 건너려다 우지끈 소리와 함께 교각에 금이 가고 다리가 흔들리는 것을 보았습니다. 위험을 직감한 그 사람이 다리 건너기를 단념하고 돌아서는데 때마침 한 아이가 그 다리를 건너기 위해 급히 뛰어 오고 있었습니다. 상황을 설명해줄 시간적 여유가 없던 그 사람은 다짜고짜 아이를 힘껏 밀쳐냈고 아이는 영문도 모른 채 저만치 나동그라졌습니다.

이런 경우도 상상해볼 수 있습니다.

어떤 사람이 백화점에 들러 쇼핑을 하다가 건물의 붕괴조짐을 느끼고 급하게 건물 밖으로 뛰어 나왔습니다. 그런데 그런 사정을 전혀 알 길 없는 어떤 여성이 백화점에 들어가려고 하였고, 그 사람은 '위험해!'라고 소리 지르며 그 여성을 힘껏 밀쳐냈습니다.

그의 행동은 도덕적으로나 법적으로 정당한 것일까요? 만약 그 아이나 여성이 그 사람의 행동 때문에 다쳤다면 또 어떻게 될까요? 만약 그 사람이 급한 용무 때문에 혹은 내가 알 바 아니라는 생각에 그냥 지나쳤고 그 때문에 그 아이나 여성이 크게 다치거나 사망했다면 어떻게 될까요?

물론 가상의 이야기지만 실제로 다리가 붕괴되고 백화점이 무너지는 일이 발생한 바 있고, 여러 위험요소가 산적해 있는 우리 현실에서 순전히 가공의 이야기만은 아닙니다.

여기서 한 가지 전제해야 할 것은 그 사람에게 아이나 여성을 보호해야 할 아무런 법률상, 계약상 의무는 없다는 것입니다. 만약 그 사람에게 위험에 빠진 아이나 여성을 부조(扶助)해야 할 법률상 의무가 있다면 이는 선택의 문제가 될 수 없으며, 보호의무를 다 하지 않은 그 사람은 발생한 결과에 따라 유기죄(遺棄罪)나 중유기죄, 유기치사상죄, 부작위에 의한 살인죄 등으로 처벌받을 수 있습니다.

또 부조의무는 없다 해도 자기가 관리하는 곳에 도움을 받아야 할 노인·어린이·불구자·다치거나 병든 사람 등 요부조자가 있는 것을 알면서 이를 관계공무원에 신고하지 않으면 경범죄처벌법위반으로 처벌될 수도 있습니다.

밀의 생각과 긴급피난

아이나 여성이 별다른 피해 없이 위험에서 벗어난 경우, 이들을 밀친 사람의 행동이 도덕적으로나 법적으로 정당하다는 데는 별 이의가 없을 것입니다. 존 스튜어트 밀의 생각도 마찬가지입니다. 물론 밀은 '자기에게만 관계된 행위'와 '타인에게 영향을 주는 행위'를 구분하여, 전자의 경우에는 개인의 절대적 자유가 보장되어야 한다고 주장하였습니다. 앞의 예에서 다리를 건너려는 아이의 행위와 백화점에 들어가려는 여성의 행위는 모두 '자기에게만 관련된 행위'이며 '타인에게 해악을 끼칠 위험'이 전혀 없는 행위입니다. 따라서 원칙적으로는 그들의 행동의 자유가 침해되어선 안 됩니다.

그럼에도 이들을 밀치고 가로막는 행위가 정당한 것은 무슨 이유일까요? 밀은 '자유의 원칙'은 정신적으로 성숙한 사람에게만 적용되며 어린 아이나 미성년자, 미개사회, 정신박약자 등에게는 적용되지 않는다고 보았습니다. 이들은 다른 사람의 보호를 받아야 할 처지에 있고 아직 자신의 몸이나 정신에 대한 진정한 주권자가 되지 못한다는 것입니다. 또 다른 이유는 '자유란 자신이 원하는 바를 하는 것'인데 다리나 건물이 무너져 다치거나 죽는 것을 원하는 사람은 없기 때문이라고 설명합니다. 마찬가지로 자신을 노예로 팔아버리는 계약을 인정할 수 없는 것도 이는 자유의 포기이며, 자유의 원칙이 자유를 포기할 자유까지 허용하지는 않기 때문이라는 것입니다(자유론, 존 스튜어트 밀).

아이(여성)를 밀치는 행위는 물론 법적으로도 정당화됩니다. 사람을 밀치는 행위가 일응 '폭행죄'의 구성요건을 충족하는 것은 사실입니다. 폭행은 타인의 신체에 대한 일체의 유형력의 행사를 말하고 다른 사람의 몸을 의식적으로 밀치는 것도 폭행의 일종입니다. 그러나 그의 행위는 긴급피난행위이거나 사회상규에 위배되지 않는 행위[7])로서 위법성이 없고 따라서 처벌할 수 없습니다.

가령 그 사람의 행동으로 아이나 여성이 다쳤다고 하더라도 큰 차이는 없습니다. 그 사람이 보다 높은 가치인 타인의 생명이나 신체의 위험을 피하기 위해 그와 같은 행위를 하였고, 다른 유효적절한 수단이 없었으며, 몸을 밀치는 정도의 행위를 한 이상 그에게 법적 책임을 묻기는 어려울 것입니다.

7) 국민 일반의 건전한 도의감 또는 공정하게 사유하는 일반인의 건전한 윤리감정에 반하지 않는 행위

나쁜 사마리아인 법

그렇다면 그 사람이 아이(여성)의 급박한 위험을 목격하고도 아무런 조치를 취함이 없이 그냥 지나쳐버린 경우는 어떨까요? 이른바 '나쁜 사마리아인 법'의 문제입니다. 자신의 작은 노력으로 타인의 생명, 신체 등에 대한 중대한 위험을 막을 수 있었음에도 불구하고 아무런 구호조치를 취하지 않은 자를 법으로 처벌할 수 있는가의 문제입니다.

앞에서는 아이(여성)의 행동의 자유가 문제되었는데, 여기서는 행인(行人)의 행동의 자유가 문제 되고, 자유의 가치와 사회적 연대라는 가치가 모순·충돌합니다.

'개개인들을 원래의 야만(자연)상태로 해체되지 않도록 하는 것이 (사회적) 유대이고, 이것이 곧 정의'(범죄와 형벌, 체사레 베카리아)라는 입장에서는 이 경우 행인의 행동의 자유는 제한되고 구호의무가 발생한다고 봅니다. 반면 개인이 중요하고, 그 중에서도 개인의 자유가 가장 소중하다는 입장에서는 행인의 구호의무를 부인합니다. 특히 그와 같은 위험상황은 당사자가 예측할 수 없는 상태에서 돌발적으로 발생하기 때문에 법적 안정성을 심각하게 위협하며, 일반적 행동(외출, 산책 등)의 자유를 위축시켜 활기 없고 고립적인 사회가 될 것이라고 염려합니다.

아직 우리는 나쁜 사마리아인을 처벌하는 법을 두고 있지 않습니다. 그를 도덕적으로 비난할 수는 있어도 형사처벌을 하거나 손해배상책임을 지울 수는 없다는 것입니다. 반면에 선한 사마리아인을 지원하고 장려하는 것으로 대처합니다. 의사상자등의예우및지원에관한법률이 그것인데, 위 법은 '직무외의 행위로써 위해에 처한 다른 사람의 생명, 신체 또는 재산을 구하다가 사망하거나 부상을 입은 사람과 그 유족 또는 가족에 대하여 그 희생과 피해의 정도 등에 알맞은 예우와 지원을 함으로써 의사상자의 숭고한 뜻을 기리고 사회정의를 실현하는 데에 이바지 할 목적'으로 제정되었습니다.

현재로서는 선행은 법으로 강제되는 것이 아니라 예우와 지원을 통해 장려되어야 하며, 자유의 제한은 필요최소한에 그쳐야 하고, 법이 도덕과 양심의 영역에 과도하게 개입해서는 안 된다고 생각하고 있는 것입니다.

사법불신의 원인은 어디에 있는가

판사와 심판의 차이

사법연수원 시절의 이야기입니다. 주말을 보내고 월요일 첫 강의는 법조윤리강의로 시작됩니다. 가끔 외부초청인사가 특강을 하기도 하고 연수원장이 2시간 강의를 채우기도 하는데, 특별한 커리큘럼이 없고 성적을 좌우하는 것도 아니어서 연수생들 반응이 신통치 않았습니다.

그날도 대부분의 연수생들은 눈을 감고 허리를 좌석 깊숙이 파묻은 채 졸거나 휴식을 취하는 상태였는데, 평소와 달리 그 평온은 오래가지 않았습니다. 강의를 맡은 연수원장이 '판사와 권투 심판의 차이가 뭘까'라는 취지의 질문을 던진 것이 발단이었습니다.

'심판과 판사라, 심판은 눈으로 본 일을 판단하지만, 판사는 자신이 경험하지 못한 일을 판단한다. 심판은 현장에서 즉시 판단하지만 판사는 사후에 다른 장소에서 판단한다. 심판은 동시에 증인이지만 판사는 제3자다'

대충 이런 생각들을 머리에 떠올리고 있었는데, 불쑥 한 연수생이 이렇게 소리쳤던 것입니다.

"심판은 사시(司試) 패스 안 해도 됩니다!"

폭소가 터지고, 조용하던 강의실이 한동안 소란해졌으며, 그 해프닝 덕분에 그날 강의는 상당히 몰입도가 좋게 진행되었습니다.

심판은 자신이 목격한 일을 판단하지만 판사는 자신이 보지 못한 일에 대해서 판결합니다. 온 신경을 집중해 현장을 뛰며 지켜보는 심판도 종종 오판에서 벗어나지 못하는데, 사건의 실체로부터 시간적·공간적으로 거리가 먼 판사의 판결에 오판의 여지가 없을 수 없습니다. 그리고 운동경기의 오심이야 고작 경기의 흐름을 바꾸거나 승패에 영향을 미치는 것으로 끝나지만 오판은 한 사람의 생명을 살리거나 죽일 수도 있고, 전 재산을 빼앗거나 줄 수도 있는 것이니 단순 비교할 일도 아닙니다.

그러나 오판이 불가피하다고 해서 재판제도를 없애거나 법원이 판결을 거부할 수도 없습니다. 전지전능한 신에게 의탁하거나 신통한 동물에게 떠넘길 수 없는 바에야 인간들 누군가가 어떤 방식으로든 떠맡아야 할 일이고, 우리는 그것을 '시민 판사단'이나 '지방의 수령' '나랏님'이 아니라 '직업법관'에게 맡기기로 선택하였습니다. 유한한 인간에 의한 재판, 필연적인 오심 가능성은 사법이 불신 받을 수밖에 없는 근원적이고 존재론적인 이유입니다.

디케의 눈의 해석

여기서 다시 생각해봐야 할 것이 디케의 가려진 눈에 대한 해석입니다. 정의의 여신이자 법의 상징인 디케는 일반적으로 한 손엔 저울, 한 손엔 칼을 들고 있고 눈은 천으로 가려진 모습을 하고 있습니다. 그러나 저울 대신 법전을 들고 있는 모습도 있고, 아예 저울 없이 칼만 들고 있는 그림이 있는가 하면, 눈을 뜨고 있거나 한쪽 눈을 감거나 졸고 있는 디케의 형상도 있습니다. 저울 없이 칼만 들고 있는 디케의 모습이 폭력 그 자체를 상징이거나 '소송사기꾼에 휘둘린 법'을 의미한다면, 칼 없이 저울만 들고 있는 디케는 법이 아니라 도덕이나 설교, 훈계를 뜻할 뿐입니다.

남은 것은 디케의 가려진 눈에 대한 해석입니다. 법을 신성시하는 사람들, 다수의 법조인들은 이 가려진 눈에 대해 '세상의 눈치를 보지 않고 당사자의 지위·고하를 고려치 않겠다는 공정함과 단호함'을 의미하는 것으로 해석하거나 '아무것도 보지 못하면서 판결하는 자의 고뇌'를 상징하는 것으로 생각합니다.

그러나 눈을 뜨고 있거나 반쯤 눈을 감고 있거나 졸고 있는 디케의 형상이 있음을 생각해보면, 천으로 가려진 디케의 눈은 일종의 우연이나 변종으로 탄생하였다가 대중의 공감을 얻어 널리 퍼진 것이라고 추측할 수도 있습니다. 어느 날 어떤 괴짜 예술가가 눈을 가린 디케를 창작해냈거나, 어떤 시민이 눈을 뜨고 있는 디케의 상에 천을 뒤집어씌운 것이 발단이 되었다고 상상해 볼 수 있습니다. 그리고 그들이 이와 같은 행위를 한 내심은 아무래도 법에 대한 불신과 조롱이 있었을 것입니다. '정의는 죽었다' '그것도 모르느냐, 차라리 눈을 감아라'

디케의 가려진 눈의 참뜻이 과연 어디에 있었는지는 단언할 수 없습니다. 그러나 오늘날 그것이 '공정함'으로 인식될지, '고뇌'로 읽힐지 그것도 아니면 '불신과 조롱'으로 여겨질지는 전적으로 '법' 그 자체와 그 법을 다루는 사람들의 행태에 의해 결정될 것이라는 점은 분명합니다.

소송은 승패가 있는 것

사법(司法)이 불신 받는 이유는 여러 가지가 있을 것입니다. 앞서 말한 '오판의 가능성' 말고도 권력의 눈치를 보고 이에 순응해왔던 '역사적 과오'도 있을 수 있고, '권위적이고 불친절한 태도' '불공정성' '전관예우' '법조인의 부정비리'도 원인이 될 수 있습니다. 구스타브 라드부르흐의 말처럼 '인생지식 천(千)에 법률지식 하나'는 아니더라도 풍부한 인생경험과 지혜, 경륜을 갖추지 못한 젊은 판·검사들, 이른바 소년 급제자들에 대한 불만도 작용했을 것입니다. 그러나 아무리 사정이 그렇다 해도 국민의 70% 이상이 사법부를 불신하는 이유가 되기에는 부족합니다.

결국 재판이란 승패가 분명한 싸움이고 그 싸움에서 절반은 패배할 수밖에 없다는 데 근본적인 원인이 있습니다. 당사자에게 재판이란 자신의 생명, 자유, 재산이 걸린 일생일대의 중대한 사건일 수밖에 없고, 위 재판에서 패배한 당사자는 이유가 무엇이든 그 결과에 승복하기 어려운 것입니다.

모든 재판이 민사분쟁이고, 오로지 판결로 종결되는 경우를 가정하여 단순화하면 이렇습니다. 먼저 승자와 패자를 나누고 다시 진실과 거짓을 나누면 진실이 승리한 경우, 거짓이 승리한 경우, 진실이 패배한 경우, 거짓이 패배한 경우 4가지 경우의 수가 나옵니다. 그런데 앞서 말한 대로 패자의 경우에는 진실이 패배한 경우는 물론 설혹 거짓이 패배한 경우라도 이를 쉽게 수용하기 어렵고 따라서 패자인 50%는 전부 재판결과에 불만을 표시합니다. 승자의 경우에도 거짓이 승리한 경우에는 판결에 쾌재를 부르면서도 내심으로는 재판을 불신합니다. 언제든 거짓이 이길 수 있다는 것을 스스로 체험한 때문입니다. 결국 재판을 신뢰하는 경우는 진실이 승리한 경우 하나뿐이고 이는 전체의 1/4, 25%에 불과합니다.

진실	승리	신뢰
거짓	승리	불신
진실	패배	불신
거짓	패배	불신

증거재판주의와 입증책임

어떻게 진실이 패배하고 거짓이 승리하느냐고 반문하는 사람도 있을 것입니다. 물론 당위적으로야 진실이 승리하고 거짓이 패배해야 마땅합니다. 그러나 재판은 전지전능한 절대자가 하는 것이 아니라, 사람이 하는 것이고, 그것도 직접 사건을 목격한 증인이 아니라 사건을 보지도 알지도 못하는 법관이 하는 것입니다.

법관의 자의(姿意)를 방지하고 영구미제를 막기 위해 채택한 증거재판주의, 입증책임이라는 원칙도 영향을 미칩니다. 증거재판주의란 사실의 인정은 증거에 의거해야 한다는 것으로, 증거가 없으면 그러한 사실의 존재 자체를 인정하지 않는 것이며, 입증책임은 어떤 사실의 존부가 십중팔구 확실하다는 판단이 서지 않으면 그 사실이 없었던 것으로 취급되는 불이익을 말합니다.

예를 들어 갑이라는 사람이 을이라는 사람에게 수중에 있던 돈 몇 만원을 빌려준 것이 사실인데 차용증을 받지 않았고, 누군가 지켜본 사람도 없다면 갑은 돈을 빌려준 사실이 없는 것으로 취급됩니다.

반대로 을이 위 돈을 갚았지만 차용증을 회수하거나 영수증을 받지 않고 달리 목격자도 없다면 을은 돈을 갚은 사실이 없는 것으로 취급됩니다.

돈을 빌려준 갑이나 이를 갚은 을이나 모두 환장할 노릇입니다. 하늘이 알고 땅이 알고 내가 알고 상대방이 아는데 법관만 모르는 꼴입니다. 어찌어찌해서 갑이나 을이 돈을 빌려주거나 갚은 사실을 증명한다고 했는데 그 정도가 '고도의 개연성의 확신', 말하자면 십중팔구에 이르지 못하고 십중육칠 정도까지 확실하다고 해도 갑과 을은 돈을 빌려준 사실도 이를 갚은 사실도 없는 것으로 취급되어 불이익을 받습니다.

이처럼 '사실'과 '증거에 의해 입증된 사실'이 다르고, '십중육칠 정도 확실한 사실'은 그런 사실이 없는 것으로 취급되는 이와 같은 법원칙들도 인해 얼마든지 진실이 패배하고 거짓이 승리할 수 있는 것이며, 그런 점에서 현대의 재판은 진실한 사람보다는 의심이 많고, 증거에 꼼꼼한 사람에게 훨씬 더 유리한 제도입니다.

가치관의 혼재, 갈등

게다가 우리사회는 식민지 봉건사회의 토대 위에서 불과 수십 년만에 비약적인 자본주의발전과 민주화를 이루어내었고 이러한 압축성장과 압축민주화의 결과 동시대에 전근대(봉건)적 요소는 물론 근대(자본주의)적 요소와 탈근대(탈자본주의)적 요소가 공존하는 복잡한 사회가 되었으며, 세대·계층·지역·이념 간 갈등이 그 어느 사회보다 심각합니다.

몽테스키외는 '역사가 느린 민족이 행복하다'고 했는데, 법적 안정성의 측면에서 보면 단일한 생활질서와 가치관, 종교를 공유한 사회에 비해 우리 사회는 매우 불안정하고 혼란스러운 것이 사실이며, 이처럼 사회구성원들의 상이한 생활질서의 체험과 가치관의 혼재는 단지 사법부의 책임으로 돌릴 수 없는 사법불신의 또 다른 원인이 되고 있습니다.

법이란 그 시대의 지배적인 힘과 의지의 표현이지만 우리에게는 이에 뒤처지거나 혹은 이를 추월하는 가치나 신념이 적지 않은 셈이고 따라서 같은 판결이라도 어떤 이에게는 너무 혁신적이고 진보적으로 보이는 반면, 어떤 이에게는 너무 보수적이고 고루하게 인식될 여지가 많은 것입니다.

건설적 불만족

물론 이런 가치관의 혼란은 시간이 흐르고 사회구성원들이 일정 기간 공통의 생활질서와 가치관을 공유하면 점차 사라질 것이 분명하지만 이를 해소하려는 의식적인 노력도 필요합니다. 특이 세대차이로 인한 갈등을 치유하기 위해서는 서로가 상대의 입장을 헤아리는 역지사지(易地思之)의 정신을 가질 필요가 있습니다.

기성세대는 자신들의 땀과 노력으로 이룩한 그동안의 성취가 응당한 평가를 받지 못하고, 권위가 존중되지 않는 점에 대해 마땅치 않게 생각하는 반면, 젊은 세대는 자신들의 개성과 개혁의지, 미래에 대한 불안이 충분히 이해받지 못하고 있다고 생각합니다.

앞서 압축성장과 압축민주화를 이야기하였지만 식민지배와 한국전쟁이 폐허 위에서 단시일 내에 오늘날과 같은 물질적 풍요와 민주주의를 성취한 것은 세계적으로 유례가 없는 놀라운 일이고, 그 주역인 기성세대의 땀과 노력은 존중받아 마땅합니다. 그러나 모두의 희망인 '행복하고 아름다운 공동체'가 되기에는 아직 부족하고 개선해야 할 점도 많습니다.

그런 점에서 우리에게 지금 필요한 것은 '건설적 불만족'의 정신입니다. 개인이나 국가나 참된 발전을 이루기 위해서는 완전한 만족이나 파괴적 불만족이 아닌 건설적 불만족의 정신이 필요합니다. 과거의 성취에 대한 자긍이 없으면 자존감과 분발의 의지가 생겨나지 않으며, 완전한 만족으로는 더 나은 사회를 향한 노력이 생겨날 수가 없기 때문입니다. 스스로의 성취에 대해 충분히 긍정하되 부족하고 미비한 점을 찾아 끊임없이 개선하려는 이와 같은 정신을 공유하다 보면 세대 간, 계층 간, 지역 간, 이념 간의 불필요한 갈등도 점차 해결될 것입니다.

예, 아니오

앞서 사법불신의 원인으로 여러 가지를 지적했는데, 바로 그런 이유들로 인해 '판결의 내용, 결과'로 사법의 신뢰를 회복하겠다는 생각은 현재로선 소기의 성과를 내기 어렵습니다. 오판의 가능성이 상존하고 있고, 패소한 50%는 납득하기 어려우며, 수요자인 국민이 세대, 계층, 지역, 이념에 따라 다양한 가치관을 가지고 있는 상황에서 재판결과로 이들 모두를 만족시킨다는 것은 여간 어려운 일이 아닐 것입니다.

오히려 '태도와 절차'에서 그 실마리를 찾아야 합니다. 어느 일방에게 치우치지 않는 공정한 태도, 당사자의 주장을 충분히 듣고 변명의 기회를 주려는 성실한 노력, 판결 이유에 대한 상세하고도 친절한 설명을 통해 적어도 사법기관이 '공정하고 성실하게 재판하였다'는 평을 들을 수 있어야 결과에 대해서도 의심이 줄고, 승복할 수 있게 될 것입니다. 따라서 현재 필요한 것은 좋은 절차는 그 자체로 이미 좋은 판결의 구성요소이고 실제로도 좋은 판결을 낳는다는 인식을 갖고 꾸준한 노력을 계속하는 것입니다.

그 중에서 가장 일차적인 것이 당사자의 주장과 변명, 이야기를 경청하는 것입니다. 단지 이야기를 충분히 들어주는 것만으로 많은 문제와 갈등이 해결된다는 것을 우리는 일상의 경험을 통해 잘 알고 있습니다.

과거에 각종 조서작성의 편의나 시간절약, 중언부언(重言復言)하는 진술을 방지할 의도로 당사자나 증인에게 '예, 아니오'로 간단히 대답하게 하는 것이 관행처럼 되어 있었는데, '예, 아니오'로 답변하기 어려운 미묘한 상황은 얼마든지 있으며, 따라서 이러한 관행은 당사자나 증인에게 '말도 제대로 하지 못하게 하는 재판'이라는 인식을 심어주기에 충분했습니다. 예를 들어 전혀 그런 사실이 없는 사람에게 '이제는 도박을 하지 않지요?' 또는 '지금도 노상방뇨하나요?'라고 물으면 '예', '아니오'로 답하는 것으로는 부족하고 부연설명이 필요합니다.

'변호인의 변론을 들으며 판사들이 하는 유일한 생각은 저 지루한 이야기가 언제 끝나나 하는 것뿐'이라는 독설도 있지만 변호인이나 대리인을 그저 재판절차의 장식품 정도로 생각하는 태도도 사법의 신뢰를 저해하는 일입니다. 당사자나 대리인, 변호인의 주장을 경청하지 않는 것에는 '법은 법원이 가장 잘 안다' '너희는 사실만을 말하라. 그럼 법이 무엇인지 알려 주겠다'라는 생각이 자리 잡고 있습니다. 물론 법의 해석·적용을 사명으로 하는 법원이 법을 가장 잘 알고 있고 또 잘 알아야 하는 것은 당연합니다. 그러나 하나의 사안에 대해서 1심 판결과 2심 판결, 3심판결이 서로 다른 경우가 적지 않고, 대법원의 전원합의체 판결에도 다수의견과 소수의견, 별개의견이 있는 것을 보면 '법은 법원이 가장 잘 안다'는 것이 실은 하나의 과장된 신화라는 것을 알 수 있습니다.

자판기 판결의 기억

문제는 소송건수가 너무 많고 따라서 개별 사건에 깊은 정성을 쏟고 충분한 변론의 기회를 부여하기가 어렵다는 점에 있습니다. 하급심의 경우 판사 한 명당 처리해야 할 사건 수가 한 해 500건을 상회하고, 대법원 상고사건은 사정이 더 심각해 대법원장과 법원행정처장을 제외한 대법관 한 명당 처리해야 할 사건이 1년에 3,000여 건에 이른다는 것인데, 이런 상황에서는 아무래도 절차의 충실을 기하기 어렵고 이른바 '사건털기'에 바쁠 수밖에 없으며, 실제로 상고사건의 70% 가량이 심리도 해보지 않고 기각된다는 대한변호사협회의 보고도 있었습니다.

유신정권과 그 뒤를 이은 군사정권 시절에 법원이 검찰의 공소장대로 –심지어 토씨 하나 다르지 않게– 판결하던 것을 빗대어 이른바 '자판기 판결' 또는 '정찰제 판결'이라 불렀습니다. 정권의 강압과 법원의 눈치 보기가 극심했고, 심지어 정보기관 직원이 재판을 감시하거나 판사의 방을 쳐들어가던 시절이었는데, 이를 거부한 일부 판사들은 뒷조사를 당하거나 옷을 벗기 일쑤였고, 당국에 밉보인 소위 인권변호사들은 구속되기도 하였습니다.

지금이야 정권의 간섭과 사법권 침해도 거의 사라지고 오히려 법원국가화, 법관국가화가 우려되는 상황까지 이르렀지만 오늘의 사법현실에서도 여전히 자판기 판결은 강요되고 있으니 다름 아닌 폭주하는 소송건수와 법관부족 때문입니다. 법관 1인당 한 해 수백 건에서 수천 건의 사건을 처리해야 하는 현실에서 심도 있는 사건 심리와 구체적 타당성 있는 판결을 기대하기는 어렵습니다. 법률의 기계적 적용과 관련해 칸토로비츠는 '사건을 넣으면 판결이 쏟아져 나온다. 잘 나오지 않으면 살살 흔들거나 탁탁 치면 된다'고 비꼬았습니다.

결국 대책은 두 가지뿐이고, 단체 내부의 자율권과 분쟁조정권한을 적극 인정하고 이에 대한 사법소극주의를 견지하여 법원으로 향하는 소송건수를 점차 줄이는 것도 생각해볼 수 있습니다. 그러나 모든 문제를 법원으로 가져가는 지금의 풍토가 하루아침에 고쳐질 것 같지 않고 헌법상 보장된 재판청구권을 침해할 여지도 있습니다.

따라서 현실적 대안은 판사를 증원하여 개별사건에 충분한 시간과 노력을 할애하는 것입니다. 이 또한 적지 않은 재정적 부담을 수반하는 일이지만 사법부가 분쟁해결의 최후 수단으로 기능하고 있는 엄연한 현실과 분쟁으로 인한 사회적 비용, 더욱이 모든 문제를 법원으로 끌고 가서 해결하려는 소비자들의 태도를 고려하면 수익자인 소비자(일반국민)들이 마땅히 부담해야 할 몫이라 해도 좋을 것입니다.

법치주의란 무엇인가

두 장면

위장전입으로 주민등록법을 위반했던(물론 처벌받지는 않았음) 어느 검찰총장 후보자가 '그러고도 위장전입자를 처벌할 수 있겠느냐'는 어느 의원의 질문에 '처벌하겠다'고 답변하여 실소를 자아낸 일이 있었습니다. 그에게 법치주의는 피치자를 향한 것일 뿐, 치자(治者)에게는 해당되지 않는 것입니다.

정부관료나 일부 언론이 '집회·시위에 대한 엄정대응'이나 '교통질서 기타 민생침해사범 엄단'을 '법치주의확립'이라는 이름으로 강조하는 것도 그 중 하나입니다. 이들에게도 법치주의란 국민들이 법을 잘 지키게 하는 것 또는 국민들의 낮은 질서의식을 계도하는 것입니다.

사실 우리 사회의 법치주의 실현 정도가 낮고 국민들의 준법의식이 약한 것은 부인하기 어렵습니다. 그러나 그 책임을 전적으로 국민들 탓으로 돌릴 수는 없습니다.

오랜 봉건통치와 식민 지배를 겪은 민중들에게 그간의 법이란 '남의 법' '지배자의 법' '이민족의 법'이었고 따라서 이를 지키고 수호하기보다는 가급적 회피하고 싶은 대상이었습니다. 우리의 근대적 법률과 사법제도가 스스로의 노력과 분투, 자유와 인권을 위한 시민혁명을 통해 성립된 것이 아니라 외세(일본)의 지배에 의해 강제로 이식된 것도

'법이 내 것'이라는 인식을 갖지 못하는 원인이 되었습니다. 루돌프 폰 예링은 '한 민족이 그들의 법에 애착을 가져 그것을 주장하는 사랑의 힘은 그 법을 얻기 위해 바친 노력과 고통의 정도에 따라 정해진다'고 하였습니다.

단일 민족이 좁은 국토에서 오랜 정착생활을 하다 보니 지연, 혈연, 학연 등 각종 연고가 생겨나고 정실주의가 만연하게 된 것도 법치주의가 발전하지 못한 원인 중 하나이고, 법치(法治)를 인치(仁治)보다 하책(下策)으로 여겼던 성리학적 풍토도 영향을 끼쳤습니다. 결국 이런 역사적, 지정학적, 사상·문화적 요인이 복합적으로 작용하여 우리 사회의 법치주의 수준을 결정하게 된 것입니다.

법치주의의 나라, 미국

이런 사정은 우리와 여러모로 대비되는 미국에서 법치주의가 매우 발달한 것을 보아도 알 수 있습니다. 미국사회를 설명하는 키워드로 흔히 다양성, 이민자, 자유, 기회, 개인주의, 법치주의, 자원부국, 세계의 경찰, 미국예외주의 같은 용어를 사용하는데, 법치주의는 이처럼 미국사회를 상징하는 중요한 특징 중 하나입니다.

미국은 다인종·다민족·다문화 국가이고, 따라서 법 이외에 달리 사회질서를 유지하기 위한 통일된 기준이나 공통의 가치(문화·종교·도덕·관습 포함)를 생각하기 어렵습니다. 또 영토가 광활하고 인구가 많으며 지리적 구성이 다양하기 때문에 사람에 의한 통치가 불가능하고 법과 제도에 의하지 않으면 운영되기 어려운 나라입니다.

종교박해와 신분적 구속을 피해 자유를 찾아 떠나온 이민자들이

종주국인 영국으로부터의 독립을 위한 투쟁과정에서 수립한 법이었기에 미국의 법은 그 누구의 법도 아닌 그 자신의 법이자 자유의 법이었으며, 여기에 사법부의 각고의 노력까지 곁들여져 오늘의 미국은 법치주의의 왕국이 될 수 있었던 것입니다.

토마스 제퍼슨, 벤저민 프랭클린, 존 애덤스 등 건국의 아버지들에 의해 작성되었고, 존 로크의 자유주의, 민주주의 사상이 그대로 녹아 있는 미국독립선언서를 읽다보면 미국의 법이 자신의 투쟁과 노력으로 성립된 '스스로의 법'이자 '자유의 헌장'임을 알 수 있습니다.

> '모든 인간은 평등하게 태어났고, 창조주는 양도할 수 없는 일정한 권리를 인간에게 부여했으며, 생명권과 자유권과 행복추구권은 이러한 권리에 속한다. 이 권리를 보장하기 위해 인간에 의해 정부가 조직되었으며, 정당한 정부권력은 피치자의 동의로부터 나온다. 어떤 형태의 정부라도 이러한 목적을 훼손하는 경우, 그러한 정부를 언제든지 변혁하고 해체하여 인민의 안전과 행복을 가장 효과적으로 보장할 수 있는 원칙에 입각하여, 권력을 갖춘 새로운 정부를 조직할 수 있는 권리가 바로 인민에게 있다'

법치주의의 본래적 의미

법치주의는 사람의 지배(人治)나 자의에 의한 지배가 아니라 법의 지배를 의미하는 것으로서, 그 출발은 봉건군주나 왕의 자의적이고 전제적인 권력행사를 통제하기 위한 것이었습니다. 권력의 행사(행정)는 국민의 대표기관인 의회에서 제정한 법률에 따라 이루어져야 한다는 것이며, 대표가 없으면 조세도 없고 법률이 없으면 처벌도 없다는 것이었습니다(형식적 법치주의). 따라서 이 시기 법치주의의 핵심은 왕권도 법에 복종한다, 법이 정부를 통제한다는 것이었습니다.

이후 법치주의는 형식적으로 법률에 따르기만 하면 되는 것이 아니라, 제정된 법률의 내용이 정당하고 헌법에 합치되어야 한다는 뜻으로 발전하였고(실질적 법치주의), 이 시기 법치주의의 핵심은 합헌주의, 위헌법률심사, 법의 내용적 정당성 확보였습니다.

더 나아가 현대의 법치주의는 법률은 그 구성원들이 인간다운 생활을 할 권리까지 보장하여야 한다는 의미로 확대되었고(사회적 법치국가론) 사회적 기본권의 확보가 중요문제로 대두되었습니다.

따라서 법치주의는 발생사적으로나 내용적으로 입헌주의, 위헌법률심사, 법치행정, 사회권적 기본권 보장, 독립된 사법부, 공정하고 일관되며 시의적절한 판결 등을 그 구성요소로 하는 것이며(법치로 가는 길, 배리 M. 헤이거), 국민들에게 법을 지키라는 권력의 강요와는 전혀 관련이 없는 용어입니다.

법은 만인에게 평등하며, 무엇보다 법제정자와 집행자가 그 법에 따른다는 것을 전제로 할 때 유효합니다. 법(recht)의 반대는 실은 불법(unrecht)이 아니라 초법, 특권(vorrecht)입니다. 법치주의확립이란 국민들을 향해서가 아니라 권력을 행사하는 정부와 입법, 사법기관을 향해서 나온 말이며, 그들의 권력 남용을 방지하고 국민의 자유를 보장하기 위해서 등장했던 것입니다.

동물의 권리는 인정될 수 있는가

투우경기

투우(鬪牛) 경기는 잘 알듯이 들소를 24시간 완전히 빛이 차단된 암흑의 방에 가두어두었다가, 경기 당일 밝은 햇살과 관중의 함성, 빨간 천을 보고 흥분해서 날뛰는 들소를 여러 명의 투우사들이 창과 작살로 목과 등을 찔러 더욱 흥분시키다가 최후에 마타도르라는 투우사가 등장해 검으로 목에서 심장을 향해 찔러 죽이는 경기입니다.

스페인에서 국기(國技)로 불리며 성행하는 이 같은 투우경기는 그러나 우리나라에서는 용인되지 않는 동물 학대행위입니다. 투우경기는 '다수의 관중 앞에서 오락용으로 들소를 죽이는 행위'라 할 것인데, 우리 동물보호법은 '목을 매다는 등의 잔인한 방법으로 (척추)동물을 죽이는 행위, 노상 등 공개된 장소에서 죽이는 행위, 수의학적인 처치의 필요 등 — 정당한 사유 없이 죽이는 행위'를 금지하고 있고, 위반행위에 대해서는 '500만원 이하의 벌금형'에 처하도록 규정하고 있습니다.

이처럼 한 나라에서는 국기로 성행하고 있는 행위가 다른 나라에서는 금지되고 있는 것을 보면 법 중에는 보편성과 일반성이 강한 법이 있는가 하면 특수성과 개별성이 강한 법이 있고, 범죄와 형벌에 관한 법은 후자 중 하나이며, 각 나라의 문화나 관습의 영향을 강하게 받는다는 것을 알 수 있습니다.

동물의 권리는 있는가

이처럼 동물, 그 중 척추동물은 '학대행위'가 금지되는 보호의 대상입니다. 그러면 이러한 동물은 단순한 보호의 대상을 넘어 권리·의무의 주체가 될 수 있는 것일까요? 동물에게도 인간과 유사한 생명권, 신체의 안전권 같은 권리가 인정되는 것일까요?

실제로 종교인이라든가 생명론자들 중에는 '참새와 사람을 저울에 달았더니 팽팽하고 어느 한쪽으로 기울지 않았다. 생명의 무게는 똑같다'거나 '사람에게 인권이 있는 것처럼 개에게는 견권(犬權)이, 소에게는 우권(牛權)이 있고, 하물며 나무에게도 목권(木權)이 있다'고 말하는 사람도 있습니다.

동물보호법을 보면 일응 동물에게도 생명권, 신체의 안전권 같은 권리가 있는 것처럼 생각할 여지가 없지 않습니다. 동물보호법은 '이 법은 동물에 대한 학대행위의 방지 등 동물을 적정하게 보호·관리하기 위하여 필요한 사항을 규정함으로써 동물의 생명과 그 안전을 보호하고 복지를 증진하며 …'라고 하고 있고, '누구든지 … 그 동물이 본래의 습성과 신체의 원형을 유지하면서 정상적으로 살 수 있도록 노력하여야 한다'고 하고 있습니다.

그러나 법원의 판단은 이와 다릅니다. 이른바 도룡뇽 소송[8]에서 담당 재판부는 '자연물인 도룡뇽 또는 그를 포함한 자연 그 자체에 대하여 당사자능력을 인정하고 있는 현행 법률이 없고 이를 인정하는 관습법도 존재하지 않으므로 신청인 도룡뇽이 당사자 능력이 있다는 신청인의 주장은 이유 없고, 신청인 도룡뇽의 이 사건 가처분 신청은 부

8) 신청인 도룡뇽, 도룡뇽의 친구들, 내원사, 미타암이 피신청인 한국철도시설공단을 상대로 제기한 공사착공금지가처분사건

적법하다'고 판단하였습니다.

물론 이 판결은 도롱뇽의 소송상 당사자능력에 관한 것이지만, 이 당사자능력은 대체로 권리능력[9]을 전제로 한 것이기 때문에 도롱뇽은 권리주체가 될 수 없고 따라서 동물에게는 권리가 인정될 수 없다는 것과 마찬가지 이야기입니다.

그렇다면 동물에게는 권리가 있는 것일까요, 없는 것일까요? 또 만약 없다면 동물보호법은 어떻게 해석되어야 할까요?

관련 규정들

우리나라의 최고규범인 헌법은 자유권적 기본권, 참정권적 기본권, 사회권적 기본권 등 기본권을 규정한 모든 조항에서 그 주체를 '모든 국민'으로 정하고 있습니다. 이를테면 '모든 국민은 인간으로서의 존엄과 가치를 가지며, 행복을 추구할 권리를 가진다' '모든 국민은 신체의 자유를 가진다' '모든 국민은 거주·이전의 자유를 가진다'와 같습니다. 이처럼 헌법의 조문들은 '모든 국민은'으로 시작되며 기본권의 성격에 따라 인간이라면 누구나 향유할 권리도 있으므로, 헌법상 기본권의 주체는 국민 또는 인간입니다.

사인 간의 법률관계를 규율하는 민법도 '사람은 생존하는 동안 권리와 의무의 주체가 된다' '법인은 법률의 규정에 좇아 정관으로 정한 목적의 범위 내에서 권리와 의무의 주체가 된다'고 규정하여 자연인인 사람과 인격이 의제된 법인이 권리·의무의 주체임을 밝히고 있습니다.

9) 권리나 의무의 주체가 될 수 있는 지위 또는 자격

범죄와 형벌을 규정하고 있는 형법 역시 그 적용대상을 '내국인과 외국인'으로 정하고 있고 각칙의 각 범죄에서도 이를테면 '사람을 살해한 자는 사형, 무기 또는 5년 이상의 징역에 처한다'고 규정하여 범죄의 주체 및 형벌의 객체가 원칙적으로 사람(양벌죄에 있어서 법인 포함)임을 선언하고 있습니다.

따라서 우리 법은 권리·의무의 주체로 오로지 사람(법인)만을 인정하고 있으며, 그런 점에서 '자연물(동물)의 당사자능력(권리능력)을 인정하는 현행 법률이 없고, 관습법도 없다'는 법원의 판단은 어쩌면 당연한 것이며, 마찬가지로 범죄능력과 형벌능력도 사람에게만 있고 동물에게는 인정되지 않습니다.

동물보호는 인간의 편면적·중첩적 의무

그렇다면 우리의 동물보호법은 어떻게 해석되어야 할까요?

동물보호법이 동물에 대한 학대행위(동물을 정당한 이유 없이 또 잔인한 방법으로 죽이거나 상해를 입히는 행위)를 금지하고 있고 이에 위반하면 벌금형에 처하도록 규정하고 있는 것을 생각하면 동물보호가 인간의 의무인 것은 분명합니다. 그러나 이러한 의무에 대응하여 동물에게 생명권과 신체의 안전권이라는 권리가 인정되는가 하면 그렇지는 않습니다.

동물보호법의 보호대상인 척추동물(소·말·돼지·개·고양이·토끼·닭·오리·산양·면양·사슴·여우·밍크 등)과 축산물위생관리법상 도살·가공·유통이 가능한 가축(소·말·양·돼지·닭·오리 등)이 상당부분 중복되는 점과 동물보호법이 동물에 대한 모든 살해나 상해행위를 처벌하는 것이 아니라 정당한 사유 없이(잔인하고 쓸데없이 고통을 주는 방법으로) 살해하거나 상해하는 것을 금하고 있는 점, 그리고 동물의 권리의 시작은 곧 인간의 권리의 종말이고 이를 인정하면 인간은 궁극에 있어 모두 채식주의자가 되어야 하는 점을 생각하면(법, 정의, 국가, 아르노 기그) 동물보호는 그 의무에 대응하는 권리가 존재하지 않는 인간의 일방적·편면적 의무이며, 동시에 동물에 대한 의무일 뿐 아니라 생명을 존중하고 상호 평화롭게 살아야 할 인간 자신에 대한 예의이자 의무라 할 것입니다.

적법절차는 비상시에도 적용되는가

적법절차의 의미

수사기관이 범죄피의자를 수사하는 과정에서 자백을 받기 위하여 또는 증거를 확보하기 위하여 그 피의자를 고문한다면 어떻게 될까요?

우리 헌법은 제12조 제1항에서 '누구든지 법률과 적법한 절차에 의하지 않고는 체포, 구속되거나 압수, 수색, 심문을 받지 않고 처벌, 보안처분, 강제노역을 받지 않는다'고 적법절차의 원칙을 선언하고, 제2항부터 7항까지는 세부적으로 고문의 금지, 불리한 진술 거부권, 영장주의, 변호인의 조력을 받을 권리, 미란다원칙, 체포·구속의 이유통지, 체포·구속 적부심, 임의성 없는 자백의 증거능력과 자백배제법칙을 규정하고 있습니다.

나아가 헌법재판소는 '위 헌법조항의 적법한 절차라 함은 인신의 구속이나 처벌 등 형사절차만이 아니라 국가작용으로서의 모든 입법작용과 행정작용에도 광범위하게 적용되는 독자적인 헌법원리의 하나로, 절차가 형식적 법률로 정하여져야 할 뿐 아니라 적용되는 법률의 내용에 있어서도 합리성과 정당성을 갖춘 적정한 것이어야 함을 요구하는 것이다'라고 그 적용대상과 범위를 일반화하고 있습니다.

따라서 이제 적법절차는 확고한 헌법상의 원칙이 되었고, 이를 위반하면 위헌·위법한 공권력의 행사가 되어 그 효력이 부인되고 국가와 담당 공무원은 법적 책임을 지는 등 법률상 불이익을 받게 됩니다. 앞의 질문에 답을 해보면 수사기관이 피의자를 고문하여 얻은 (자백)진술이나 그렇게 수집한 증거는 재판에서 유죄의 증거로 사용할 수 없을 뿐 아니라 그 수사관은 폭행·가혹행위죄로 형사처벌을 받게 되고, 국가공무원법에 따라 당연퇴직하거나 파면·해임·정직·감봉 등 징계처분을 받게 되며, 사용자인 국가는 피해자에게 국가배상을 해야 합니다.

딜레마 상황

그런데 어떤 테러범이 공중 밀집장소 여러 곳에 시한폭탄을 설치해놓고 정치적 요구사항을 내걸거나 돈을 요구하다가 체포되었고, 수사관의 추궁에 계속 묵비권을 행사하고 있는데 만약 고문을 하면 폭탄 설치장소를 실토하고 많은 무고한 희생을 막을 수 있다고 가정해봅시다. 과연 이와 같은 상황에서도 고문은 금지되어야 할까요?

이런 경우는 또 어떤가요? 일단의 범죄자들이 도시 전체가 사용할 상수원에 독극물을 투여할 준비(예비·음모)를 하다가 그 중 한 사람이 체포되었습니다. 그런데 체포된 피의자는 공범의 소재나 범행계획에 대해 전혀 자백하지 않고 있습니다. 만약 고문을 하면 이를 자백할 가능성이 높다고 할 때 과연 어떻게 해야 할까요?

설사 수많은 생명을 잃는 일이 있다 하더라도 법을 지켜야 할까요? 적법절차의 원칙은 평상시뿐 아니라 전쟁의 위험, 내란·소요, 테러, 대재앙과 같은 긴급사태, 비상시에도 지켜져야 하는 것일까요?

생각처럼 간단한 문제가 아닙니다. 최대 다수의 최대 행복을 위한 행위, 한 사회의 행복의 총량을 증대시키는 행위는 도덕적으로 정당하다는 공리주의적 사고의 경우 고문이 정당화될 수도 있습니다. 그에 따르면 무고한 수많은 사람의 생명을 구하기 위해 한 사람을 희생하는 것은 다수의 행복을 위한 행위로서 정당하며, 불가피합니다. 반면 국가를 자유의 보증인으로 생각하는 자유주의적 사고에 따르면 국가는 법률에 근거가 없는 한 어떤 경우에도 개인의 자유를 침해해서는 안 되며 따라서 고문은 허용될 수 없을 것입니다.

전쟁과 기아야말로 인권의 최대의 적이라는 말도 있지만, 아무튼 평상시라면 너무나 자명하고 당연하게 생각되는 것도 비상시나 긴급사태하에서는 국가안보, 질서유지, 공공복리, 시민의 안전이라는 명분으로 위축되고 흔들리며 따라서 비상사태는 적법절차의 시험대이자 한 사회의 법치주의 수준을 드러내는 한계상황이라 할 것입니다.

적법절차는 헌법적 결단

사실 고문의 금지를 포함하여 헌법 제12조 제2항부터 제7항까지 나열된 권리나 제도는 이를 법률로도 규정할 수 있고 실제로 형사소송법에 동일 취지의 법률조항들이 다수 있습니다. 그럼에도 이를 굳이 헌법에 명시한 것은 이들 권리와 제도를 단지 법률상의 권리가 아니라 헌법상의 권리와 제도로 못 박아 쉽게 이를 바꿀 수 없도록 하겠다는 주권자의 의지의 표현이며, 이에는 이들 권리를 쟁취하기까지 수많은 사람들이 흘린 피와 땀과 눈물이 내재되어 있습니다.

우리 헌법 제76조, 제77조 등은 계엄 등 비상사태하에서 '영장제도, 언론·출판·집회·결사의 자유, 정부나 법원의 권한'에 관하여 특별한 조치를 할 수 있다고 규정할 뿐 고문의 금지를 포함한 대다수 적법절차조항의 효력을 부인하고 있지 않습니다.

우리나라가 협약에 가입한 '고문금지선언' 제3조도 '전쟁상태나 전쟁위협이나 국내의 정치불안이나 여타의 긴급사태와 같이 예외적인 상황을 구실로 삼아 고문 또는 잔혹하거나 비인도적이거나 굴욕적인 여타의 처우나 처벌이 정당화되어서는 안 된다'고 선언하고 있습니다(세계를 바꾼 연설과 선언, 이종훈).

비상사태 하에서도 적법절차를 지키는 것은 매우 어려운 일이며, 이를 위해서는 국가의 존재이유에 대한 근원적 성찰과 함께 법치주의의 가치에 대한 확고한 인식, 국민의 성숙한 인내심과 자제력이 요구됩니다.

미연방대법원의 샌드라 데이 오코너 판사는 '국가적으로 가장 어렵고 불안한 상황에서 헌법상의 적법절차에 대한 미국의 신념이 가장 큰 시험을 당한다'고 하였고 '국가가 존재하는 이유인 국민의 인권을 국가안보라는 구실로 유린하는 것은 역사적 아이러니'라고 말한 바 있습니다. 루이스 브렌다이스 판사도 '긍정적인 면에서나 부정적인 면에서나 정부는 국민들에게 본보기가 된다. 만약 정부가 범법행위를 한다면 그것은 법에 대한 경멸을 가져온다. 그리고 모든 사람들이 제각기 법을 만들어 적용하게 한다. 그것은 무정부상태의 혼란을 초래하는 것이다'고 하였습니다(미국헌법과 인권의 역사, 장호순).

고문을 한다고 하여 반드시 테러범이 자백을 하리라는 보장도 없지만 설사 고문으로 무고한 생명을 구할 수 있다 할지라도 그러한 고문행위는 궁극적으로 정부와 공권력에 대한 더 큰 불신과 불만을 자초하여 새로운 테러의 원인이 되고 결과적으로 범죄의 예방, 사회질서의 유지에 위협이 될 것입니다.

알베르 카뮈는 '고문이라는 수단을 통해 30개의 폭탄을 제거했다고 가정하자. 그 대가로 당장 몇몇 사람들을 구할 수 있을지는 모르지만 동시에 다른 방식으로 다른 곳에서 활동할 새로운 50명의 테러리스트를 만들어냄으로써 수많은 무고한 사람들의 죽음을 불러올 것이다'라고 말하고 있습니다.

최소정부가 좋은 정부인가

가장 좋은 정부

헨리 데이빗 소로우는 '가장 좋은 정부는 가장 적게 다스리는 정부'라고 말합니다. 그리고 더 나아가 '가장 좋은 정부는 전혀 다스리지 않는 정부'라고 생각하고, '사람들이 준비가 되었을 때 그들이 갖게 될 정부는 바로 그런 종류의 정부일 것'이라고 예견합니다(시민의 불복종, 소로우).

소로우가 말한 '전혀 다스리지 않는 정부'란 곧 국가와 법의 소멸을 말하는 것인데, 이에 대해서는 '법 없이 살 수 있는가'라는 주제에서 설사 계급이 폐지된다 해도 개인의 생물학적·사회적 차이와 불평등까지 모두 해소되지는 않으며, 이들 이상사회는 구성원 전원의 완전한 인격과 도덕성을 전제로 하는 것으로써 유토피아일 뿐이라고 한 바 있습니다.

따라서 여기서는 먼 미래가 아닌 현재에 있어서 '최소한의 정부가 가장 좋은 정부인가'를 중심으로 생각해보도록 하겠습니다. 물론 소로우가 이와 같은 주장을 하게 된 것은 노예제도를 유지하고 멕시코 전쟁을 위해 인두세를 거둬가던 당시의 미국정부와 정책을 전제로 한 것이기 때문에 오늘날에도 그가 같은 견해를 유지할 것이라 단언할 수는 없습니다. 소로우가 오늘을 살고 있다면 과연 '오바마 케어 – 미국민의 의료보험가입을 의무화하는 것을 골자로 하는 의료보험개혁법안'라든가, 국가의 각종 복지정책(노인·실업·교육·육아·주택 등)에 대해 어떤 입장이었을까 상상해보는 것도 재미있을 것입니다.

작은 정부는 매력적 주장

소로우의 말이 아니더라도 '작은 정부'가 상당한 매력을 가진 주장임은 분명합니다. 사람은 누구나 자유롭게 살기를 원하고 국가로부터든 타인으로부터든 간섭과 규제를 받는 것을 좋아하지 않습니다. 또 작은 정부는 재정지출의 감소, 정부조직의 축소와도 관련되기 때문에 국민의 조세부담을 줄이는 일이기도 합니다. 특히 오랜 세월 가혹한 전제정치를 경험해온 사람들은 본능적으로 '큰 정부'에 대해 피해의식을 갖고 있습니다. 가정(苛政)이 공어맹호야(恐於猛虎也)라고, 가혹한 정부가 호랑이 보다 무섭다는 것을 알기 때문입니다.

이와 같은 일반적인 정서와 역사적 경험, 피해의식에 편승해 오늘날 '작은 정부론'을 소리 높여 외치는 부류가 있는데, 그 실체를 가만히 들여다보면 주로 대기업이나 초국적 자본이고, 이들의 이해를 대변하는 보수주의 정부나 보수적 언론이 그들입니다.

그러나 이들이 말하는 작은 정부란 미사여구일 뿐 실상은 경제영역에서의 규제철폐와 감세를 바라는 것이요, 이를 통해 자본의 이익을 극대화하겠다는 것에 다름 아닙니다. 이들 작은 정부론의 세부 실천항목이 금융자유화, 탈규제, 감세, 민영화, 노동유연성 등 거의 대부분 자본친화적인 이유도 거기에 있습니다.

작은 정부론이 '신자유주의'니 뭐니 하는 이름으로 불리는 까닭에 이들을 개인의 자유를 중시하고 국가를 자유의 보증인으로 보는 자유주의자들이라 생각할 수 있지만 이들이 말하는 자유란 순전히 경제영역에 국한된 것이고, 정치사상적으로는 오히려 공동체주의(권위주의)자에 가까우며 그런 이유로 이들은 정치적 표현의 자유에 엄격하고, 외교·국방·치안의 영역에서는 강한 정부를 표방합니다. 마찬가지로 큰 정부론을 주장하는 사람들이 공동체주의자는 아니며 이들은 경제영역에서는 증세, 복지, 재정지출의 확대를 요구하지만 정치·사상적으로는 자유와 개성, 국가의 불간섭을 주장합니다.

시대역행적이고 사회통합을 저해

오늘날의 작은 정부론은 그 의도가 어디에 있든 시대역행적이고 사회통합을 저해하며, 궁극적으로 자본의 이해에도 부합하지 않습니다.

역사적으로 보면 '작은 정부'는 근대초기에 자유로운 기업활동을 촉진하고 정치적 자유와 학문·사상·과학기술의 발전을 뒷받침하는 등 긍정적 기여를 하였습니다. 그러나 자본주의가 고도화되면서 독과점의 폐해가 드러나고 사회양극화로 인해 계급·계층 간 갈등이 격화되자, 국가가 경제활동에 개입하여 공정한 경쟁질서를 유도하는 한편, 소득의 재분배와 각종 사회보장제도를 마련할 필요가 있었습니다. 또 시장이 실패한 영역에서는 국가가 직접 공공재의 공급자 역할을 떠맡아야 했고, 여기에 전통적인 국가의 기능— 치안과 국방, 사법과 같은 경찰국가기능—까지 감안하면 현대의 국가는 '작아지려야 마음대로 작아질 수도 없게' 되었습니다.

작은 정부는 직접적으로 복지지출의 축소, 탈규제, 감세를 지향하므로 양극화를 심화시키고 사회통합을 저해하게 됩니다. 다리가 가장 약한 부분만큼 약한 것처럼 한 사회도 가장 취약한 계층만큼 취약할 수밖에 없습니다. 튼튼한 사회란 취약계층의 수준이 높은 사회, 상·하층의 격차가 크지 않은 사회, 중산층이 튼튼한 사회이며, 이를 위해서는 경제활동에 대한 적절한 개입과 조정, 소득의 재분배, 경쟁 탈락자를 위한 각종 사회보장제도와 복지의 확대가 불가피합니다. 루소는 '국가가 튼튼해지기를 바라는가? 그렇다면 두 극단을 최대한 좁혀라'라고 말합니다(사회계약론, 장자크 루소).

부익부 빈익빈, 과잉 축적과 과소 수요의 양극화 상황은 자본의 장기적 이익을 위해서도 바람직하지 않습니다. 양극화로 인해 소비자의 구매 잠재력과 수요가 감소하게 되면 결국 기업의 생산 및 이윤도 감소할 수밖에 없으며, 과잉축적(과잉생산)과 과소수요가 극한에 이르러, 이를 폭력적으로 해결하는 과정을 우리는 경제공황이라 부릅니다.

정의의 요소인 자유와 평등은 분명 서로 대립되는 가치이고 종종 갈등하지만 한편으로 상호의존관계에 있기도 합니다. 평등을 위한 노력은 우선 빈자를 궁핍과 범죄로부터 자유롭게 하며 부자들 또한 자유롭게 함으로써 한 사회의 실질적 자유의 총량을 증대시킬 수 있습니다. 거지와 도둑떼, 성난 군중이 들끓는 사회에서 부자의 진정한 자유도 보장되기 어렵기 때문입니다.

나라의 안보라는 것도 단지 맹목적 충성심과 군사력만으로 유지될 수는 없습니다. 몽테스키외는 '아테네는 엄청난 영광으로 군림했을 때나 커다란 굴욕으로 종속되었을 때 언제나 같은 숫자의 병력(2만의 시민)을 지니고 있었다'고 말합니다(법의 정신, 샤를 루이 드 스콩다 몽테스키외). 군사력이 같음에도 어떤 때는 영광을, 어떤 때는 굴욕을 당하는 이유를 그는 정치적 덕성'의 유무에서 찾았고, '조국과 평등에 대한 사랑'을 민주정체의 정치적 덕성이라 불렀습니다.

북한과 같은 사회를 건강한 사회로 볼 수 없는 이유도 여기에 있습니다. 자유의 가치가 퇴색된 사회이고, 특히 그들의 '세습통치'는 '세습수학자'만큼이나 어불성설입니다(인권이펙트, 크리스토퍼 히친스). 국민의 나라에 대한 귀속감과 만족도가 클 때, 그것이 지킬 만한 가치가 있는 정부일 때 안보는 튼튼해지며, 이는 국가가 국민의 행복과 자유를 위해 얼마나 많은 노력을 경주하는가에 달려 있습니다.

우리 헌법에 투영된 국가

우리 법, 특히 최고규범인 헌법에 투영된 국가의 모습도 최소정부와는 거리가 있습니다.

우리 헌법은 '대한민국은 민주공화국이다. 대한민국의 주권은 국민에게 있고, 모든 권력은 국민으로부터 나온다'고 규정함으로써 대한민국이 '국민의 국가'이며, '민주국가'라는 것을 선언하고 있습니다.

또 각종의 자유권적 기본권을 명시하여 국가가 '자유의 보증인'이며, '생명 · 자유 · 재산을 위한 사회계약의 산물'이라는 점을 분명히 하고 있습니다.

나아가 각종 사회권적기본권 조항을 둠으로써 국가가 소극적인 '자유의 보증인'을 넘어서서 적극적인 '공공재의 공급자' '사회보장의 제공자'이자, 국민의 인간다운 생존을 보장하는 '사회국가'라는 것을 천명하고 있습니다.

우리 헌법이 지향하는 국가를 한마디로 정의한 것이 헌법 제10조와 제34조라 할 수 있는데, 이에 따르면 우리 헌법이 바라보는 국가, 우리 헌법이 추구하는 대한민국은 '인간의 존엄과 가치, 행복추구권의 보장자'이자 '기본적 인권의 수호자'이며 '인간다운 생활의 보장자'입니다.

그러므로 오늘 우리에게 필요한 정부는 막연히 '작은 정부'가 아니라 '기본적 인권을 수호하고, 인간다운 생활을 보장하여 인간으로서의 존엄과 가치, 행복추구권이 실현'되도록 필요한 일을 마다하지 않는 그런 정부여야 할 것입니다.

담배 두 값과 세상에 대한 무관심

강렬했던 기억은 오래 남기 마련입니다. 법조인들에게는 고시생 시절이 그런 기억 중 하나일 것입니다. 운명의 신이 자신에게 법조인의 길을 허락할 것인지 말 것인지 전혀 알지 못한 채 암자나 고시원에서 세상과 담을 쌓고 하루 13시간 이상 법서(法書)와 씨름하던 그 청춘의 한 때, 불투명한 미래와 고통스런 기억을 쉬 잊어버릴 사람이 어디 있겠습니까.

그 경험이 너무 생생하고 강렬한 까닭에 법조인의 길에 들어선 후에도 많은 사람들이 시험에 떨어지거나 합격이 취소되거나 시험장에 입실하지 못한 끔찍한 꿈을 꾸다가 잠에서 깨어납니다. 검사시보 시절 만난 어느 선배 법조인은 합격 후에도 종종 그런 악몽을 꾸었는데 검사생활 10년쯤 지나니까 비로소 그런 꿈이 사라지더라고 토로하기도 하였습니다.

작고한 조영래 변호사는 고시생에게 필요한 것은 '담배 두 값과 세상에 대한 무관심'이라고 말한 바 있습니다. 이후 그가 사회의 민주화와 인권의 옹호를 위해 헌신해 온 과정을 생각해보면 그의 무관심은 통상의 무관심이 아니라 '애쓴 무관심'이었음을 알 수 있고, 그는 유보되었던 사회에 대한 관심을 폭발적으로 쏟아내다가 그 담배 두 값 때문에 폐암으로 일찍 생을 달리하였습니다.

필자에게도 결코 잊거나 지울 수 없는 시절이었으니, 필자는 그때를 가리켜 '남의 가게 앞에 앉아 있거나 서 있던 세월'이라 부르며, 그렇게 명명한 연유는 이렇습니다.

비교적 늦은 나이에 고시공부를 시작한 필자는 또래의 늙은 고시생들과 식사 후에 여기 저기 모여서 세상 돌아가는 이야기나 법리논쟁을 하곤 했는데, 하루는 우리들의 이런 모습이 보기 싫었던 미용실 주인이 가게 앞에 이런 경고문을 내붙였던 것입니다.

남의 가게 앞에 앉아 있거나 서 있지 마시오 !

그렇게 남의 가게 앞에 앉아 있거나 서 있었던 여럿 중에 대다수는 다른 인생길을 가고 몇몇이 법조인이 되어 간혹 법정이나 사석에서 서로 마주치는 사이가 되었습니다.

법조인이란 누구인가

일반적으로 '법률사무에 종사하는 사람'을 일컬어 법조인이라 부릅니다. 그런데 실제로 법조인이 누구인가를 확정하는 것은 간단치 않습니다. 법학자들이 법조인인가, 법무사와 같은 유사직역의 자격사들이 법조인인가, 법률사무소의 직원이 법조인인가 하는 의문이 들 수 있습니다.

사회통념에 따라 판사·검사·변호사를 법조인이라 칭한다 하더라도 문제는 있습니다. 같은 변호사라도 연수원출신 변호사는 로스쿨출신 변호사와 비교되는 것에 불쾌해 하고 전관출신 변호사는 연수원 출신 변호사와 한 무리로 불리는 것에 못마땅해 합니다. 검사들은 회사원이거나 자영업자에 불과한 변호사가 준사법기관인 자신들과 어깨를 나란히 하는 것이 마땅치 않고, 판사들은 소송 당사자에 불과한 검사가 같은 사법기관 운운하는 것에 기분이 좋지 않습니다.

법조인이라는 말이 여러 가지 뜻을 포함하고 있기도 합니다. 법조인의 조(曹)자는 무리, 동반자, 관청, 마을, 방 등 다양한 뜻으로 풀이됩니다. 따라서 법조인은 크게 '법 마을 사람들'이거나 '법 무리들'을 뜻하기도 하지만 '법을 다루는 관청사람들'로 해석될 수도 있습니다.

희소가치 때문입니다. 희소가치가 있어야 권위가 서고, 대우도 받고, 가격도 올라가기 때문입니다. 각기 3,000명도 되지 않는 판·검사들(판사 약 2,800여명, 검사 약 2,000여명)이 산적한 사건을 해결하느라 야근을 밥 먹듯이 하면서도 판·검사의 확충에 크게 호응하지 않는 것도 그 때문입니다.

법조인이 애초 어떤 뜻으로 사용되었는지는 알 수 없으나, 만약 법조인의 조(曹)가 무리나 마을, 동반자를 뜻하는 것이었다면 이런 저런 이유로 다 제하고 홀로 남은 자를 동반자나 무리라고 할 수 있는지, 다 떠나고 혼자 사는 마을을 마을이라고 할 수 있는지 의문입니다.

변호사는 사인(私人), 이익추구자

법조인의 한 축인 변호사는 갑오경장으로 근대사법이 도입되기 이전에는 범죄자 취급을 받는 등 그 처지가 매우 열악했습니다. 오늘날의 변호사에 비견되는 사람들을 가리켜 '외지부(外知部)'라 불렀는데 이는 노비 관련 소송을 담당하던 장예원(掌隷院)이 도관지부(都官知部)라 불렸던 데서 연유하였습니다. 말하자면 '관청 바깥의 무리들' 정도로 해석될 수 있을 텐데, 이들에 관한 조정의 태도는 단호했습니다.

> '항시 결송아문(決訟衙門–송사처결청)을 배회하면서 남에게 소송을 교사, 유도하는 것을 업으로 하고 있는 자는 그 관청으로 하여금 수소문하여 형조에 보고하게 하고 죄상을 문초하여 사실을 밝힌 다음 장(杖) 일백과 변방으로의 이주에 처한다. 또 그러한 자에 대하여는 다른 사람이 체포하여 관에 신고하는 것을 허용하고 잡아온 자에게는 강도를 붙잡아 온 예에 따라 일인당 면포 50필을 상으로 지급한다'
> '무뢰배들이 항상 재판정에 와서 혹은 품을 받고 대신 소송을 하기도 하고 혹은 사람들이 소송을 하도록 유도하여 송사를 일으키게 한다. 또한 법조문을 마음대로 해석하여 법을 남용하여 옳고 그름을 변경하고 어지럽게 한다. 이들을 민간에서 속칭 외지부라고 하는데 쟁송의 어지러움이 실로 이러한 무리들로부터 말미암은 것이다. 마땅히 엄하게 징계하여 간사하고 거짓됨을 없애야 할 것이다'(조선의 법이야기, 류승훈)

거의 강도나 사기꾼 취급을 하고, 사인(私人)의 체포까지 허용하였던 것인데 오늘날 변호사가 누리는 법적인 권리와 사회적 지위에 비교하면 격세지감(隔世之感)이라 아니할 수 없습니다.

그러나 예나 지금이나 변하지 않는 것이 있으니, 변호사는 본질적으로 사인(私人)이고, 이윤을 추구하는 자라는 점입니다. 변호사는 대부분이 자영업자(개인 변호사)거나 회사원(소속 변호사)이고, 간혹 회사 사장이나 간부(로펌 대표나 파트너 변호사)가 있을 뿐입니다. 따라서 여느 자영업자나 영리회사와 마찬가지로 이윤추구가 그들의 목적이며, 그들에게 사익을 추구하지 말라는 것은 식당 사장이나 신발 만드는 회사보고 돈을 벌지 말라는 말처럼 넌센스입니다.

변호사법 제1조는 뭐냐고 반문할 수도 있습니다. 변호사법은 변호사의 사명이라는 제목 아래 '변호사는 기본적 인권을 옹호하고 사회정의를 실현함을 사명으로 한다. 변호사는 그 사명에 따라 성실히 직무를 수행하고 사회질서 유지와 법률제도 개선에 노력하여야 한다'고 하고 있습니다.

그런데 위 조문의 변호사 부분을 검사로 바꾸어도, 또 판사로 바꾸어도 전혀 어색하지 않다는 것을 금방 알 수 있습니다. 기본적 인권 옹호, 사회정의 실현, 사회질서 유지, 법률제도 개선은 곧 법의 이념이고, 법률사무에 종사하는 사람들 모두의 의무이기 때문입니다.

그렇다면 변호사가 변호사법이 정하고 있는 사명을 다하기 위해서는 무엇을 해야 할까요? 열심히 사건을 수임하고 변론하는 것, 열심히 사익을 추구하는 것입니다. 식당주인의 이윤동기가 맛있고 따뜻한 밥을 제공하는 것처럼 신발회사의 이윤동기가 가볍고 편한 신발을 제공하는 것처럼 변호사의 이윤동기가 궁극적으로 인권과 정의실현, 법의 개선과 발전에 기여합니다.

따라서 변호사들에게 필요한 것은 '건전한 사익의 추구'이고, 이를 위한 자유롭고 공정한 시장, 독과점의 방지입니다. 더러는 '돈 벌기를 포기한 변호사'의 출현도 환영할 일입니다. 세상에서 가장 무서운 사람 중 하나라는 농담처럼 또 하나의 만델라, 간디, 네루, 링컨이 될 수도 있기 때문입니다.

판 · 검사는 공인, 권력자

판·검사도 생활적 실체를 보면 일개 공무원이자 월급쟁이에 불과하지만 다루는 업무의 측면에서는 그 역할과 기능이 막중한 공인(公人)이자 권력자입니다.

대한민국의 검찰은 수사권, 수사지휘권, 수사종결권, 기소독점권, 기소재량권, 공소유지권, 공소취소권, 형집행권 등 사법절차 전 영역에 걸쳐서 각종의 권한을 갖고 있으며, 이는 세계에서도 그 유례를 찾아보기 어려울 정도입니다. 특히 검사가 기소독점권과 기소재량권을 이용해 자의적인 불기소처분을 내릴 경우 불고불리(不告不理)의 원칙[10]상 아무리 질 나쁜 범죄자라도 처벌할 수 없으며, 역으로 정치적 이유로 무리한 기소를 하면 상대방은 상당기간 형사피고인으로서 온갖 법적·사실적 불이익을 모면할 길이 없습니다. 그런 점에서 오늘날 대한민국의 권력은 정치인도 대통령도 아닌 기업과 언론, 검찰에 있다는 말은 허언이 아니며, 특히 이들 권력은 정치인, 대통령과 달리 선거와 같은 민주적 통제를 전혀 받지 않는다는 데 공통점이 있습니다.

법원이 권력기관이란 점은 재론의 필요가 없습니다. 오늘날 사람의 생명, 자유, 재산, 자격에 대한 박탈 여부는 오로지 재판을 통해서 결정되며 그 재판권을 보유하고 행사하는 것이 판사이자 법원입니다 특히 작금에 이르러서는 법원의 재판권이 미치지 않는 사안이 거의 없다는 점에서, 또 법률에 대한 해석권뿐 아니라 법률의 효력 유무에 대한 결정권도 법원(헌법재판소)이 가지고 있다는 점에서 현대국가는 가히 법원국가, 법관국가라 해도 과언이 아닐 것입니다.

---

10) 검사의 공소제기가 있어야 재판을 할 수 있고, 심판의 범위도 기소된 범위로 제한된다는 원칙

모든 제어되지 않은 권력은 부패하고 남용된다는 것이 역사적 경험이고 따라서 이처럼 막강한 권력을 행사하는 법원과 검찰에 대한 감시와 비판, 견제와 균형은 필요하고도 중요한 일입니다. 경찰수사권독립이 거론되고 고위공직자비리수사처의 신설이 주장되는 것도, 대법원과 헌법재판소의 갈등에도 불구하고 헌법재판소의 존립 필요성이 인정되고 있는 것도 주로 권력기관간의 경쟁과 견제를 통해 권력의 남용과 부패를 막으려는 데 그 이유가 있습니다. 따라서 공인인 판사와 검사는 국민일반의 감시와 비판을 당연한 일로 여기고 마땅히 감수하여야 할 것이며, 그것이 불편하다면 법복을 벗고 일개 사인(私人)으로 돌아가면 될 것입니다.

검찰의 과제는 검찰권을 정치적으로 행사하지 않는 것, 이른바 '정치적 중립'을 지키는 일입니다. 다수의 검사들이 법과 정의를 위해 묵묵히 최선을 다하고 있음에도 검찰이 국민의 지탄을 받고 불신의 대상이 된 것은 일부 사건에서 검찰이 정치권력의 눈치를 보고 과도한 봐주기 수사나 무리한 기소를 하는 등 권한을 편파적으로 행사하였기 때문입니다. 지금은 폐지되었지만 대검중앙수사부가 기소한 사건(검찰총장 하명사건)의 무죄율이 일반 형사사건 무죄율의 27배 정도에 이르렀던 것은 검찰권이 편향적으로 행사되었다는 뚜렷한 반증에 다름 아닙니다.

법원이 국민의 신뢰를 얻는 길은 판결의 내용보다 오히려 절차와 태도에 있으며, 따라서 공정한 태도와 성실한 노력이 우선이라는 점은 앞서 살펴본 바 있고 따라서 법원의 과제는 '공정과 성실'이라 할 것입니다.

진선미의 추구

뭉뚱그려 법조인이라고 하였지만 판사는 '소송지휘와 판결선고'를 주 임무로 하고, 검사는 '범죄수사와 공소제기 및 유지, 판결의 집행'을 주 임무로 하며 또 변호사는 '변론(주장과 입증)과 변호'를 주 임무로 한다는 점에서 각자 지위와 역할이 상이하고 따라서 직업으로서의 법의 의미도 각기 다를 수밖에 없습니다.

그러나 법조인들에게 공통적으로 부여된 사명, 직업으로서의 법의 진정한 목적이 없지 않으며 1차적으로는 정의의 추구가 그것입니다. 정의의 실현은 법의 이념이자 효력근거이며, 법이 폭력과 구별되는 징표입니다. 따라서 '하늘이 무너져도 정의를 세워라' '세상이 망해도 정의를 세워라'는 격언만큼 법조인에게 소중한 말은 없습니다.

그러나 정의는 또한 정의롭게 추구되어야 합니다. 목적으로서의 정의는 수단으로서의 정의를 요구합니다. 적법절차가 보장되어야 하고 진실의 발견을 통해 이루어져야 합니다. 형법의 목표가 정의라면, 형사소송법[11]의 목표는 진실입니다. 진실이 확인되지 않으면 정의도 실현될 수 없습니다. 살인범을 엄하게 처벌하는 것이 정의라면 먼저 그가 살인범인지 여부가 확정되어야 합니다(범죄와 형벌－올바른 형법을 위한 변론, 빈프리트 하세머).

그러므로 실체진실의 발견은 정의의 전제이고 재판의 요체입니다. 아리스토텔레스는 '플라톤은 내 친구이지만 진리는 그보다 더한 나의 친구이다'고 했고, 간디는 '인도와 진실 중에서 하나를 선택하라면 진실을 선택할 것이다'고 했습니다.

11) 형법을 적용·실현하기 위한 형사절차를 규정한 법률

그런 점에서 각기 다른 길을 가는 법조인 모두에게 법이란 '진실(眞)을 통해 선(善)을 추구하는 기술(美)'이라 할 것이고, 그런 사명감이 없다면 법률가의 길은 그저 고단한 샐러리맨의 길 또는 여느 자영업자의 길과 다를 바가 없을 것입니다.

지금까지 '법철학의 나무'라는 목차 아래 일상 속에서 한 번쯤 해봄직한 질문에 답을 해가는 형식으로 법철학의 여러 문제를 다시 생각해보았습니다. 말하자면 법철학의 각론격이라 할 수 있는데, 이제부터는 개별 법률조항이라든가 특정한 법 현상을 중심으로 법에 대해 궁리하는 시간을 갖도록 하겠습니다.

법철학의 가지

법철학 소프트

법치주의의 적 -전관예우-

전관예우의 메커니즘

전관예우(前官禮遇) 문제로 고위공직후보자가 낙마하는 경우를 종종 보게 됩니다. 판·검사 퇴임 후 불과 몇 개월 사이에 수억 원에서 수십 억 원의 수임료나 연봉을 받은 것이 문제가 된 것인데, 그냥 전관(前官)에 만족하고 살았더라면 좋으련만 다시 현관(現官)이 되려다가 국회인사청문절차라는 회전문에서 발목이 잡히는 것입니다.

전직 판·검사가 수사나 재판절차에서 받는 특혜 따위로 해석되는 전관예우의 핵심은 무엇보다 현관의 전관에 대한 예우(특혜) 여부입니다. 현직 판·검사가 자기가 맡고 있는 사건의 수사나 재판절차에서 전관을 예우하거나 그렇게 한다고 믿기 때문에(이를 1차 예우라 합시다), 소비자(로펌, 의뢰인)들이 전관에게 거액의 연봉을 주거나 상상 이상의 수임료를 지불하는 구조인 것입니다(이를 2차 예우라 합시다). 따라서 1차 예우가 본질이고 2차 예우는 현상이며, 1차 예우의 실상에 따라서 2차 예우는 응당한 것일 수도 있고, 허망한 것일 수도 있습니다.

그렇다면 1차 예우의 실상은 과연 어떨까요. '이제 전관예우는 없다'고 말하는 사람도 있고 특히 현관일수록 그런 주장을 강하게 하지만 이 말을 그대로 믿기는 어렵습니다. 1차 예우가 완전히 사라지기 어려운 이유는 여러 가지가 있습니다. 함께 근무한 인연과 정, 조직애 같은 것이 작용할 수도 있고, 자신도 가야 할 길이기에 관행을 끊어내기 어려울 수도 있습니다. 좁은 법조계에서 전관의 평판을 의식하지 않을 수 없고, 간혹 전관이 고위직 현관으로 복귀해 임명권을 행사하는 것도 생각해볼 수 있습니다.

그러나 2차 예우에 상응할 정도의 전관예우, 소비자들이 갖다 바치는 거액의 수임료나 연봉에 상응하는 정도의 전관예우는 아닙니다. 현관들의 자존심과 양식이 그 이상을 허락하지 않습니다. 오히려 '주장과 증거가 팽팽하고 저울추가 어느 한쪽으로 기울지 않을 때는 약자의 손을 들어주는 것이 정의'라고 생각하는 현관들도 많습니다.

그러므로 전관예우가 작동하는 범위란 '(소추)재량권과 양형권 행사의 범위 내'이고, '절차적 협조' 수준이거나 '조정의 권유' 정도입니다. 안 되는 일을 되게 한다거나 유·무죄를 뒤바꾸거나 승패를 뒤집을 수는 없습니다. 현관에겐 전관과의 인연만이 아니라 따라야 할 법률과 판례와 양형기준과 양심과 기관 간(법원·검찰)·심급 간(1,2,3심) 견제제도가 있기 때문입니다.

봉건시대의 전제군주도 '법이란 천하공공의 명기라, 법으로 용서할 만한 것은 임금이 사사로이 처벌할 수 없고, 법으로 처벌할 만한 것은 임금이 제멋대로 용서할 수 없다'고 했는데, 하물며 현대법치국가의 검사나 판사에게 그 이상의 결과를 기대하는 것은 무리입니다. 따라서 오늘의 전관예우 현상은 1차 예우와 2차 예우가 상당부분 부조화된 것이고, '1차 예우는 과소한 반면 소비자들의 전관들에 대한 과다한(?) 2차 예우'만 남은 것이라 할 수 있습니다.

홈스 판사의 예언설

올리버 웬델 홈즈 판사는 법에 대해 독특한 정의를 내린 바 있는데, 악인설(惡人說), 예언설(豫言說)이 그것입니다. 도덕에는 아랑곳하지 않는 악인도 신경을 쓰고 의식할 수밖에 없는 것이 바로 법이라는 것이 악인설의 취지라면 '법이란 법원이 어떻게 행동할 것인가에 관한 예언'이라는 것이 예언설의 골자입니다(법철학, 마틴골딩).

홈즈 판사가 법을 악인이나 법집행자(법원)와 같은 특수한 부류의 사람을 기준으로 정의한 것이 타당한 것인가는 의문이지만, 그의 정의가 나름의 진실을 드러내고 있다면 법 따로, 법원의 판결 따로일 수는 없으며, 법원의 행동을 예언하지 못하거나 거꾸로 법원의 행동과 다르게 예언하는 것은 법이라 할 수 없습니다.

만약 전관예우라는 것이 실제로 막강한 힘을 발휘하여 소송의 결과를 좌우하고 법과 법원의 행동(판결)이 따로 노는 사태가 지속된다면 사법제도 전체가 불신을 받게 되고 종국에는 나라의 근간이 흔들리게 될 것입니다. 민주적 선거제도가 있고 정의와 인권의 보루로서 사법부가 건재하는 한 그 사회는 어떻게든 유지되지만 이 두 제도가 흔들리고 붕괴되면 체제의 존속을 기약할 수 없다는 것이 역사의 교훈입니다.

관료 수입하기

전관예우는 '정실주의'와 '탐욕'이 결합된 것으로서 우리 사회의 정신·문화적 후진성을 드러내는 것이며, 학연, 혈연, 지연 등 각종 연고주의와 끼리끼리 문화가 판을 치는 곳에서 법대로, 원칙대로의 법치주의가 설 자리는 없다는 점에서 법치주의의 적이요, 법치주의의 자기 모순입니다.

전관예우의 병폐를 막기 위해 퇴직공무원의 관련 기업체 취업제한을 규정한 공직자윤리법과 퇴직 판·검사의 수임제한을 규정한 변호사법 이 있으나 규정과 제도에 허점이 많아 실효성에 한계가 있습니다.

우선 사법종사자 스스로 정실주의는 사법불신을 초래하고 나라의 근간을 흔드는 일이며, 법치주의의 적이고 자신들의 존재이유의 부인이라는 점을 깊이 생각해야 합니다. 법률소비자들도 돈으로 판결을 살 수는 없으며, 과다한 2차 예우는 환상이자 낭비라는 점을 알아야 합니다. 궁극적으로는 고 황인철 변호사의 말처럼 '판사가 변호사의 시발점이 아니라 변호사의 종착역'이 되도록 '평생법관제'와 '법조일원화'가 정착되어야 할 것입니다. '전관'이 없으면 '전관예우'니 뭐니 하는 것도 있을 수 없기 때문입니다.

이 모든 것이 여의치 않을 때 마지막 수단으로 '부자 나라에서 관료(판·검사) 수입하기'를 생각하지 않을 수 없습니다. 토마스 모어는 그의 유토피아에서 다음과 같이 말하고 있습니다.

> 그들 사회의 흥망이 관리들의 행태에 달려 있다는 것을 감안한다면 돈이 필요하지 않은 나라에서 와서 곧 돌아가야 하는 사람들이기 때문에 뇌물로 명예의 길에서 빗나갈 우려가 없고, 또 원주민을 아무도 모르기 때문에 누구에게도 편견이나 악감으로 대할 필요가 없는 사람들을 택한다는 것이 더없이 현명한 정책이 아닐 수 없습니다. 정실주의와 탐욕이라는 이 두 사악이 인간의 마음을 사로잡고 있는 곳에는 어디나 할 것 없이 사회의 가장 중요한 관건인 정의가 모두 여지없이 파괴되고 맙니다.

실제로 이와 유사한 제도가 역사상 존재하기도 했는데, 중세 이탈리아의 도시장관, 행정관, 법률관료로 불리는 포데스터가 그것으로, 이 포데스터는 당해 도시와 전혀 무관한 다른 도시 출신자로 구성되었고, 단기간만 그 도시에 초빙되어 최고재판권을 담당했으며(직업으로서의 정치, 막스 베버), 고대 그리스의 도시국가나 근대 이탈리아의 공화국들은 아예 자신들의 법 제정을 외국인에게 맡기는 것이 관례였고 그 때문에 좋은 성과를 거두기도 하였습니다(사회계약론, 장자크 루소).

진실의 처벌 -사실적시 명예훼손-

진실도 죄가 되나요

일반인들이 잘 모르거나 납득하지 못하는 것 중 하나가 이른바 사실적시 명예훼손이라는 것입니다. 우리 형법 제307조는 '공연히 사실을 적시하여 사람의 명예를 훼손한 자는 2년 이하의 징역이나 금고 또는 500만원 이하의 벌금에 처한다'고 규정하여 사실적시 명예훼손 행위를 처벌하고 있고, 출판물 등에 의한 명예훼손과 정보통신망이용촉진및정보보호등에관한법률위반(명예훼손)의 경우에도 같은 취지로 사실적시행위를 처벌하고 있습니다.

허위사실로 타인의 명예를 훼손한 경우에만 죄가 되는 것으로 잘못 알고 있는 사람들에게 이러한 법 규정을 들어 '당신 말이 사실이라고 해도 처벌받을 수 있다'고 이야기하면 대다수는 '어떻게 진실을 말했는데 처벌해요'라고 수긍할 수 없다는 반응을 보입니다.

사실을 적시한 행위에 대해 형벌로 다스리는 것이 온당한 것인지 그간 적지 않은 논란이 있었고, 앞서 본 것처럼 국민의 법 감정에 맞지 않고, 진실을 지고(至高)의 가치로 삼는 법의 이상에도 부합하지 않으며, 다수 선진사법국가에서 이를 처벌하는 규정이 없거나 폐지된 사정을 들어 없애자는 의견이 계속 제기되어 왔고 국회에서 개정안이 발의되기도 하였습니다.

그러나 결과는 그리 성공적이지 못했고, 그 근저에는 법을 폐지하면 명예훼손행위가 늘고 분쟁이 끊이지 않을 것이라는 염려와 '추행, 악업을 적시하여 타인의 명예를 훼손하는 것도 의사·표현의 자유의 남용'이라는 생각이 깔려 있습니다.

그러나 사실의 적시와 명예훼손은 논리적으로 양립하기 어렵고 형용모순이기도 합니다. 명예에는 그 사람의 실질이나 행적, 덕행에 부합하는 참된 명예가 있는 반면, 악행이나 추업(醜業), 비도덕적 행위들을 숨기고 얻은 거짓명예가 있습니다. 그런데 사실적시행위를 통해 훼손되는 명예는 참된 명예가 아니라 거짓명예, 헛된 명성일 뿐입니다.[1)] 그런 점에서 사실의 적시는 그 사람의 명예를 부당하게 훼손하는 것이 아니라 오히려 부당하게 형성된 명예를 그 실질이나 행적에 맞게 바로잡고 재조정하는 일입니다.

법익의 불균형

우리가 어떤 행위를 범죄로 규정하고 처벌하는 경우, 명령(금지)을 통해 보호되는 법익이나 가치가 있는 반면, 그로 인해 침해되는 반대가치가 존재합니다. 명예훼손죄의 경우 '타인의 명예'라는 가치가 보호되는 반면, '의사·표현의 자유'가 침해를 받게 됩니다. 이처럼 상이한 가치의 충돌이 발생하기 때문에 어떠한 가치가 보다 우월한가에 대한 철학적 규명이 필요하고, 상이한 가치들 사이에 조화와 균형을 찾으려는 노력도 요구되는 것입니다.

1) 신평 교수는 이를 '허명(虛名)'이라고 부릅니다.

누군가 허위의 사실을 적시하여 타인의 명예를 훼손하는 경우, 이는 의사·표현의 자유의 남용이라 할 수 있고 따라서 이를 금지하고 타인의 명예를 보호하는 것은 철학적으로 정당화됩니다. 그러나 사실을 적시한 행위마저 처벌하는 것은 자유(의사·표현)의 가치, 진실의 가치보다 명예의 가치, 그것도 부당하게 형성된 명예의 가치를 더 우선시하는 것으로 정당화되기 어렵습니다. 사실적시 행위마저 처벌하게 되면 헌법상 권리인 의사·표현의 자유와 알 권리가 과도하게 침해되고 특히 정치적 표현의 자유와 선거의 자유가 형해화(形骸化)되어 국민주권주의와 민주정치체제를 위축시킬 여지도 있습니다.

무릇 명예란 국가 공권력과 형사처벌로 지켜지는 것이 아니라 부단한 자기수양과 선업(善業)을 통해 쌓아올려지는 것입니다. 그리고 일시적으로 형성된 거짓명예는 언젠가는 그 실체를 드러내고 맙니다. 아무리 금지하고 처벌해도 '임금님 귀가 당나귀 귀'이고 그 임금님이 '벌거벗은 임금님'인 이상, 누군가는 말할 것이고 사실은 밝혀질 것입니다. 그런 점에서 사실적시 명예훼손죄는 폐지되는 것이 바람직하고 그렇게 하는 것이 '진실을 처벌하는 나라'라는 오명을 벗고, 국가의 품격을 높이는 일이기도 합니다.

차선책

당장은 무분별한 명예훼손행위가 증가하고 이를 둘러싼 법적 분쟁도 늘어날 수 있습니다. 그러나 이는 민사상의 행위금지가처분이나 손해배상 소송 등 다른 절차를 통해 해결하면 되고, 그것이 형벌의 보충성에도 맞는 방법이라 할 것입니다.

형법 제310조 위법성조각사유를 폭넓게 인정하고 그 입증책임을 검사에게 돌리도록 판례를 변경하는 것도 한 방법입니다. 형법 제310조는 사실적시 명예훼손 행위가 '진실한 사실로서 오로지 공공의 이익에 관한 때에는 처벌하지 아니한다'고 하여 위법성 조각사유(무죄사유)를 정하고 있는데, 지금까지는 진실성과 공익성 두 가지 요건에 대한 입증책임을 행위자에게 지워왔습니다. 그러나 이는 위법성조각사유의 부존재에 대한 입증책임을 검사에게 지우고 있는 형사소송법의 기본체계와 맞지 않고 행위자에게 과도한 부담을 지우는 것입니다.

고정사건과 국민의 법감정

고정사건은 법원의 약식명령[2]에 불복해서 당사자가 정식재판을 청구한 사건을 말합니다. 주로 경미한 사건들이고, 불이익변경금지원칙[3]이 적용되어 '밑져봐야 본전'이기 때문에 대부분의 피고인들은 변호인 없이 단독으로 재판을 받습니다.

그러다보니 국민들의 법감정이나 법의식이 적나라하게 드러나고, 간혹 웃지 못할 일들이 벌어지기도 합니다.

예를 들어 폭행죄로 벌금 100만원의 약식명령을 받은 피고인이 이에 불복해 정식재판을 청구하였다고 합시다.

재판장: 피고인은 무슨 이유 때문에 정식재판을 청구하는 것인가요? 억울하다는 것인가요? 아니면 벌금 액수가 많다는 것인가요?

피고인: ○○○을 폭행한 사실이 없는데 벌금을 내라고 해서 억울해서 정식재판을 청구했습니다.

---

2) 공판절차를 거치지 않고 검사가 제출한 자료만을 조사하여 피고인에게 벌금·과료·몰수의 형을 과하는 법원의 재판(명령)

3) 피고인이(피고인을 위하여) 항소·상고한 사건에서 상소심이 원심판결의 형보다 중한 형을 선고하지 못한다는 원칙, 정식재판청구사건에도 적용됨

재판장: 피고인은 ○○○의 뺨을 때리거나 머리채를 잡고 흔든 사실이 없다는 것인가요?

피고인: 예.

재판장: 그냥 몸싸움을 하거나 밀치기만 했다는 것인가요?

피고인: 예.

재판장: 피고인의 말이 맞더라도 폭행죄가 성립함에는 지장이 없는데 정식재판을 취하하고 돌아가실 건가요? 아니면 판결을 내려드릴까요?

피고인: …

다수 국민은 '주먹과 발로 상대방의 얼굴이나 신체부위를 가격하는 행위'나 적어도 '타인의 뺨을 때리거나 머리채를 잡아 흔드는 정도'를 폭행이라고 생각하는 반면 법원은 그에 그치지 않고 사람을 향해 돌을 던지거나(맞았건 맞지 않았건), 침을 뱉거나, 멱살을 잡거나, 손이나 옷을 잡아당기거나 밀치는 등 사람의 신체에 대한 일체의 유형력(有形力) 행사를 폭행으로 규정합니다. 당사자들은 서로 가슴을 맞대고 밀치고 손으로 밀고 당기고 하면서도 그 이상 나아가지 않았다면 폭행을 참았다고 생각하는 반면 법원은 그 자체가 충분한 폭행이라고 판단합니다.

나아가 그와 같은 행위가 상대방의 일방적이고 압도적인 폭행에 대항하여 이루어진 경우에도 '싸움에는 정당방위가 인정되지 않는다'며 쌍방폭행으로 의율하기도 합니다. 40대 건장한 장년과 70대 노인을 쌍방폭행으로 처벌하는 경우도 실무에서는 적지 않게 보게 됩니다.

그 이유가 어디에 있든 이처럼 국민의 법상식과 법운용의 실제가 괴리되면 법에 대한 불신이 생길 수밖에 없습니다. 앞서 정식재판을 청구한 그 당사자는 재판장의 권유 아닌 권유에 정식재판을 취하하고 돌아가면서 '무슨 놈의 법이 이래'하고 원망을 하게 됩니다.

정당성 없는 죄명들

폭력행위등처벌에관한법률위반(집단·흉기 등 상해)죄 같은 경우는 당사자(피고인)가 자신의 잘못에도 불구하고 억울하다고 항변하는 경우입니다. '나 혼자서 한 일인데 왜 집단·흉기 등 상해냐'는 것입니다. 여러 사람이 흉기를 휴대(소지·사용)하여 타인에게 상해를 가하는 것도 집단·흉기 등 상해요, 여러 사람이 아무 흉기 없이 타인에게 상해를 가하거나 한 사람이 위험한 물건으로 타인에게 상해를 가하는 것도 모두 집단·흉기 등 상해로 의율(擬律)되기 때문입니다. 따라서 집단이 아니거나 흉기를 휴대하지 않은 경우는 모두 그 죄명에 불만일 수밖에 없습니다. 하나의 죄명으로 다양한 범행유형을 포괄하려는 편의적 발상에서 생긴 일입니다.

성폭력범죄의처벌등에관한특례법위반(주거침입강간 등)죄나 아동·청소년의성보호에관한법률위반(강간 등)죄도 마찬가지입니다. 강간과 강제추행은 그 대상, 행위태양, 죄질의 정도, 사회적 인식 등에서 뚜렷한 차이가 있는데 강제추행한 사람을 강간 등 죄명으로 의율하는 것은 당사자로서는 받아들이기 어렵습니다.

형벌은 그 죄체(罪體－범죄의 실체)와 책임에 상응하게 부과되어야 하며, 이는 죄명을 붙이는 경우에도 마찬가지입니다. 그가 저지른 잘못과 책임 이상의 죄명을 붙이는 것은 합리적 이유 없이 피고인에게 불리한 것으로서 어떠한 이유로도 정당화될 수 없습니다. 따라서 향후에는 행위의 태양과 실체에 부합하게 집단·흉기 등 상해가 아니라 집단·흉기 상해, 집단 상해, 흉기 상해로, 아동·청소년의성보호에관한법률위반(강간 등)이 아니라 아동·청소년의성보호에관한법률위반(강간), 아동·청소년의성보호에관한법률위반(강제추행) 등으로 죄명을 세분화하여 표기할 필요가 있습니다.

살인자의 변호

직업이라는 것

어느 날 딸아이로부터 '아빠도 살인범을 변호해?'라는 질문을 받은 일이 있습니다. '그럼'이라고 무심히 대답했는데 뒤이어 '나는 아빠가 그러는 거 싫어'하는 말을 듣고는 사정이 간단치 않음을 깨달았습니다. 단순한 호기심이 아니라 어떤 정의감, 가치판단 같은 것이 내재된 질문이었던 것입니다. 결국 그날 필자는 '나쁜 놈을 왜 도와주느냐'는 딸아이의 단순한 추궁에 맞서 '살인자의 변호에 대한 변호'에 상당한 시간을 할애해야 했습니다.

딸아이가 아니더라도 '어떻게 살인자를 변호할 수 있는가'라는 말을 종종 듣게 됩니다. 그냥 호기심으로 해보는 질문도 있지만, 피맺힌 절규이자 항의이기도 하고, 돈밖에 모르느냐는 도덕적 비난으로도 들립니다. 연쇄살인사건이 터지거나 어쩌다 살인사건 변호를 맡다보면 한 번씩 겪는 일이고, 사회적으로 비난받는 사건을 변호하는 경우에도 비슷한 경험을 하게 됩니다.

'그것이 내 일이고 직업이니까'라고 답해도 부족한 것은 아닙니다. 사람이 먹고살기 위해 하는 일은 그것이 무엇이든 쉽게 손가락질 받거나 폄하될 수 없습니다. 생존을 위한 노력은 그 자체로 고통스럽고 치열하고 숭고합니다. '눈물은 내려가도 숟가락은 올라가는' 것이 사람이고, 벌레와 뱀은 혐오하지만 누에고치와 뱀장어는 아무렇지 않은 것이 또한 인간입니다. 따라서 농부가 농사짓고, 의사가 치료하고, 선생이 가르치는 것처럼, 변호사는 변론할 뿐이라고 말한다고 해서, '법이 밥' 이기에 생계를 위해 변론한다고 해서 형편없는 대답이라고 할 수는 없습니다.

살인자 변호의 변

'변호사는 의뢰인이나 사건의 내용이 사회 일반으로부터 비난받는다는 이유만으로 수임을 거절하여서는 아니된다'는 변호사윤리규칙이 답이 될 수도 있고, '누구든지 체포 또는 구속을 당한 때에는 즉시 변호인의 조력을 받을 권리를 가진다'는 헌법 규정과 이와 같은 권리에 예외를 인정하면, 예외가 또 다른 예외를 낳아 변호인의 조력을 받을 헌법상 권리가 아예 유명무실해지기 때문이라고 설명할 수도 있습니다.

'구속사건이나 피고인이 사형, 무기 또는 3년 이상의 징역이나 금고에 해당하는 사건으로 기소된 때에는 변호인을 선정하여야 하고, 변호인 없이 개정하지 못 한다'는 형사소송법도 이유가 될 수 있고, 검사가 피고인에게 이익되는 사실도 조사·제출하는 등 객관의무[4]를 다하지 못하기 때문에 변호의 필요성이 그만큼 커진다고 볼 수도 있습니다. 구부러진 철판을 펴기 위해서는 반대편으로 당기는 노력이 있어야 하기 때문입니다.

4) 검사가 공익의 대표자로서 피고인의 정당한 이익을 옹호해야 할 의무

그러나 그것만이 모든 이유가 될 수는 없습니다. 인간은 이성적 존재이지만 동시에 동물입니다. 누구나 한계가 있고 잘못을 범할 수 있습니다. 범죄는 범죄자 개인의 자유의지의 발로이지만 한편 스스로도 어찌하지 못하는 타고난 소질과 환경의 영향도 무시할 수 없으며, 따라서 그 모든 책임을 범죄자 개인에게 지우는 것은 부당한 것이기도 합니다.

개인은 사회의 거울이고 사회의 축소판입니다. 범행의 직·간접적 동기와 이유 중에 혹여 가난, 소외, 차별, 장애, 편견, 무시, 학대, 폭력, 가정해체, 사치·향락, 배금주의 등 오로지 개인 책임으로만 돌릴 수 없는 소질과 환경적 요소가 들어 있다면 그에 대해서는 범죄자 개인만이 아니라 원인을 제공한 가정, 학교, 사회, 국가가 함께 책임을 나눠지는 것이 응당합니다. 결국 살인자의 변호는 무엇보다 그가 저지른 잘못만큼 그가 져야 할 책임만큼 응당한 처벌을 받게 하기 위해서 필요한 일입니다.

궁핍이 법보다 힘이 세고, 학교 하나가 교도소 하나를 없앤다는 격언이 있습니다. 구스타브 라드부르흐는 '최선의 사회정책이 곧 최선의 범죄정책'이고 '형법의 개선보다 사회의 개선이 범죄방지에 훨씬 효과적'이라고 말합니다. 이 모든 것들이 진실이라면 범죄자 개인에게 향해진 비난의 손가락질만큼 가정과 사회의 건강성에도 눈을 돌리고 관심을 기울여야 할 것입니다. 대중의 비난이 거센 사건일수록 엄벌주의는 쉽고 편한 해결책이었지만 언제나 근본적인 대책이 되지 못했다는 것을 우리는 잘 알고 있습니다.

불구속재판과 형사보상

법원 · 검찰의 구별법

법원주변에서 일하다 보면 때로 법원이나 검찰청 건물이 어디냐고 묻는 사람을 만나게 됩니다. 법원과 검찰청을 구별하는 방법은 의외로 쉽고 간단합니다.

중소규모 이상의 도시에 어떤 두 건물이 비슷한 모양으로 서로 대응하여 서 있다면 그것은 법원과 검찰청입니다. 검찰청법 제3조 제1항은 '대검찰청은 대법원에, 고등검찰청은 고등법원에, 지방검찰청은 지방법원 및 가정법원에 대응하여 각각 이를 설치한다'고 규정하고 있는데, 위 '대응'의 의미를 '장소적으로 바로 옆에 동등한 규모'라고 해석한 결과입니다.

위 두 건물 중 대체로 바라보고 서서 오른편 건물이 법원이고, 왼편 건물이 검찰청이며(대법원과 대검찰청은 그와 다르고, 인천지방법원과 인천지방검찰청은 그 반대임), 건물에 거대한 송수신 안테나 같은 것이 설치되어 있으면 검찰청, 없으면 법원입니다.

더 쉬운 방법도 있습니다. 정문부터 차량이 쭉 밀려있는 쪽이 법원, 그렇지 않은 곳이 검찰이고, 주차공간이 남아 있지 않은 곳이 법원, 남아 있는 곳이 검찰입니다. 이런 사정을 잘 아는 변호사들은 종종 검찰에 용무가 있는 것처럼 둘러대며 사실은 법원을 드나듭니다.

민원인이나 사건 관계자의 규모가 다른 탓도 있겠지만 검찰 청사의 출입을 꺼리는 일반적 심리도 적지 않게 작용한 탓일 것입니다. 순사의 눈을 피해 경찰서나 파출소를 에둘러 다니던 과거의 피해의식이나 정서가 아직 남아 있는 것입니다.

불구속 재판의 경우

통상의 청사출입도 그럴진대 정식으로 검찰의 출석요구를 받으면 당사자는 잘잘못을 떠나 심리적으로 매우 불안하고 동요하게 됩니다. 무슨 일일까부터 시작해서 자백을 해야 하나 부인을 해야 하나, 변호사를 선임할까 말까, 출석해야 하나 말아야 하나, 혹시 바로 구속되는 것은 아닐까 등등 온갖 상념이 뇌리를 떠나지 않게 됩니다.

그러나 대부분은 출석요구에 응해 검찰에 출석합니다. 출석불응은 그 자체로 체포영장 발부의 사유일 뿐 아니라 도주나 증거인멸의 우려로 해석될 여지가 있고 괘씸죄가 추가될 수 있기 때문입니다. 그가 유명인사라면 출석과 동시에 포토라인에 서야 하고 피의사실이 언론을 통해 슬슬 흘러나옵니다. 수사란 범죄사실과 증거의 수집절차이므로 피의자에게 결코 호의적일 수 없고 때로 회유와 압력을 받고 모멸감과 공포, 불안감을 느끼기도 합니다.

다행히 구속사유에 대한 소명이 부족하여 불구속된다 하더라도 여기서 끝나지는 않습니다. 부인하는 사건의 경우 여러 차례 소환조사와 대질신문 등 추가적인 수사가 이뤄지고, 정식으로 기소되면 이제 지리한 재판절차에서 유·무죄를 다퉈야 합니다. 무죄판결에 대해서는 거의 예외 없이 항소하므로 설사 1심 재판에서 무죄판결을 받았다 하더라도 다시 항소심 재판을 받아야 하고 그렇게 또 대법원 판결을 받다보면 수년의 세월이 흘러갑니다.

침해되는 권리들

피의자(피고인)의 신체의 자유를 직접 제한하지 않는다는 점에서 불구속사건이 구속사건보다 중하지 않은 것은 사실이나, 불구속 사건의 경우에도 그로 인해 침해되는 당사자의 기본적 인권은 무시할 수 없습니다.

앞서 본 것처럼 수사와 재판을 받는 과정에서 당사자가 겪는 불안, 공포, 초조, 분노, 좌절 등 정신적 고통은 상당한 수준입니다. 피의사실이 공표되면 당사자의 명예가 훼손되고 한 번 훼손된 명예는 사후에 무죄판결을 받는다 하더라도 쉽게 회복되지 않습니다. 수사와 재판에 제때 출석하지 않으면 체포 또는 구속의 염려가 있으므로 꼬박꼬박 출석해야 하고 따라서 행동의 자유, 영업의 자유, 행복추구권이 침해됩니다. 자신을 방어하기 위해 변호인을 선임하거나 기타 증거를 수집 · 제출하기 위해서는 상당한 비용지출과 재산적 손실을 감수해야 합니다. 불구속사건은 구속기간의 제한이 없어 재판이 지연되고, 대법원의 확정판결까지 받으려면 수년의 기간이 소요됩니다. '너무 늦은 정의(正義)는 정의가 아니다'거나 '재판의 지연은 패소(敗訴)와 같다'는 말에 따르면 설사 '이겨도 이긴 것이 아닌' 결과가 되는 것입니다.

형사보상의 문제

잘못된 수사와 재판으로 신체의 자유가 부당하게 침해된 경우 이를 국가가 보상하도록 하는 제도가 형사보상제도입니다. 우리 헌법 제28조는 '형사피의자 또는 형사피고인으로서 구금되었던 자가 법률이 정하는 불기소처분을 받거나 무죄판결을 받은 때에는 법률이 정하는 바에 의하여 국가에 정당한 보상을 청구할 수 있다'고 규정하고 있고, 이에 따라 제정된 법률이 형사보상법입니다.

그러나 당사자의 행동의 자유, 명예, 재산권에 상당한 침해를 가져오고 정신적 고통 또한 적지 않음에도 불구속사건의 경우에는 아무런 보상도 이루어지지 않은 채 사건이 종결되고 마는데 이는 불공평하고 불합리한 것이며, 따라서 일정한 요건하에 불구속사건에도 형사보상제도를 확대할 필요가 있습니다. 관련 입법과 예산이 필요한 일이지만 수년 간 한 사람의 인생을 온통 휘저어 놓고 나중에 가서 아무 일도 없었던 것처럼 나 몰라라 하는 것은 정당화될 수 없으며 '자유의 보증인' '생명, 자유, 재산의 보호자'로서의 국가의 본질에도 맞지 않는 것입니다. 아울러 그것이 불충분한 수사나 무리한 기소, 공소권남용을 방지하는 길이기도 합니다.

대형로펌의 성적표

2010년 현재 우리나라 법조계 전체 매출 규모가 약 2조원이고, 변호사 수는 약 1만 명이며, 그 중 최고로펌이라는 김앤장의 매출규모가 약 4,500억 원으로 추정되어 전체 매출규모의 23% 정도라는 언론보도가 있었습니다(cbs 시사자키). 이런 계산법에 따르면 2014년 현재 기준으로 총 3조원의 법조매출 중 김앤장이 1조원, 기타 대형로펌들이 1조원, 나머지 개미변호사들 전체가 합해서 1조원이라는 항간의 말도 그리 틀린 이야기는 아닌 듯합니다.

김앤장과 대형로펌에 대한 쏠림 현상이 엄청나다는 것인데, 그렇다면 이들 로펌들은 수입에 상응하는 실적과 성과를 올린 것인가 하면 꼭 그렇지는 않은 것 같습니다. 조선일보가 2010년 상반기 대법원 사건 1,978건을 전수조사하여 9대 대형로펌들의 성적표를 공개한 일이 있는데 (조선일보 2010. 8. 29. 자 보도), 그에 따르면 원심(항소심)의 판결을 그대로 지키거나 반대로 원심(항소심) 판결을 깨고 파기환송판결 받은 것을 승소로 간주하여 계산한 9대 대형로펌들의 평균 승소율은 43.37%였고, 최고 승률을 기록한 로펌의 승소율이 58.7%, 최소 승률을 기록한 로펌의 승소율은 33.9%였습니다. 1승 1패는 병가의 상사인데, 승패가 있는 소송 전에서 대형로펌들의 승소율이 50%, 이른바 '반타작'

에도 미치지 못한 것입니다.

조사범위가 대법원 사건에 국한되었고, 로펌이라고 반드시 승소할 사건만 선임하는 것은 아니라는 사정, 그리고 이들 로펌들의 파기환송률이 평균적 파기환송률의 2배에 이른다는 점을 감안하더라도 일반의 예상보다는 훨씬 저조한 승률임에는 틀림없습니다.

보신주의와 1등 프리미엄

그럼에도 불구하고 사람들은 비싼 수임료를 감수하고 오늘도 대형로펌의 문을 두드립니다. 로펌들의 전문성과 소송수행능력, 축적된 노하우를 신뢰하기 때문일 것입니다. 더러는 일반 변호사에게는 기대하기 어려운 전관예우나 로비, 위세를 바라며 찾아갈 수도 있고, 막연한 환상이나 소송 상대방에 대한 경쟁심, 한풀이 때문에 거액의 계약서에 도장을 찍을 수도 있습니다.

그러나 이것만으로는 로펌으로의 극단적 쏠림 현상을 다 설명하기 어렵습니다. 로펌을 선택하도록 강제하는 어떤 심리적 현상 또는 메커니즘이 존재하고 있는 것이 분명하고 필자는 이를 '보신주의' '일등 프리미엄'으로 해석합니다.

구조는 간단합니다. 어느 기업체나 관공서에 사내 변호사나 법률사무 담당자가 있습니다. 그가 대형로펌의 비싼 수임료를 염려하거나 그들의 소송능력을 불신하여 사건을 다른 중소로펌이나 일반 변호사에 맡긴다고 합시다. 다행히 소송 결과가 좋으면 모르겠으되 만의 하나 패소라도 하면 모든 책임은 담당자가 뒤집어쓰고 온갖 의혹도 뒤따릅니다. '왜 사건을 거기에 맡겨서 일을 이 지경으로 만들었나, 혹시 리베

이트라도 받은 것 아니냐' 등등. 때문에 담당자로서는 자기 주머니에서 돈 나가는 것도 아닌데 위험을 무릅쓸 이유가 없고 면피나 보신을 위해서도 최고 로펌에 사건의뢰를 건의하고, 상급자 또한 같은 이유로 결재를 하며, 결국 사건은 대형로펌으로 향하게 됩니다. 보신주의가 사건의 선임에 미치는 효과입니다.

그렇다면 판결 이후에는 어떻게 될까요? 만약 승소를 하면 역시 대형로펌이니까 이겼던 것이고, 패소하면 거기서 졌다면 누가 맡더라도 이길 수 없는 사건이 되고 맙니다. 1등이니까 어려운 수학문제를 푼 것이고, 1등이 못 풀면 아무도 못 푸는 문제가 되는 것입니다. 대형로펌은 소송의 승패에 부담이 없고 의뢰인도 로펌에 책임을 묻지 않는 구조가 형성되고 이기면 이긴 대로 지면 진 대로 다시 대형로펌을 찾게 되는 것입니다. 변호사들에게 가장 어려운 문제인 '사건의 선임'과 '사후관리'의 두 측면에서 대형로펌은 모두 자유로운 것입니다.

관피아 문제

여기까지는 다른 분야에서도 흔히 발견되는 '1등 프리미엄'이나 '브랜드파워'와 관련된 것이기 때문에 이해 못할 바가 아니고 그리 심각한 것도 아닙니다. 문제는 다른 곳에 있습니다.

주지하듯 대형로펌에는 판·검사 출신의 법조계 전관들뿐 아니라, 국무총리실, 공정거래위원회, 금융감독원, 국세청, 기획재정부, 경찰청, 감사원 등 각종 권력기관 출신 고위공직자들이 이른바 '고문'이라는 직함으로 몸을 담고 있습니다.

이들은 거액의 연봉을 받는 만큼 그에 상응한 역할을 하지 않을 수 없으며, 해당 기관들은 전관예우상 이들을 마냥 홀대할 수 없는 관계가 형성됩니다. 때로는 전관들이 화려하게 현직에 복귀하기도 하기 때문에 이들과 좋은 인연을 만드는 것이 해당기관 입장에서 나쁠 것도 없습니다. 이런 이유로 불공정거래행위로 거액의 과징금을 물게 생겼거나 특별세무조사를 받는 기업체들은 공정거래위원회나 국세청 고관 출신들이 포진한 대형로펌에 달려갑니다.

문제는 전관을 매개로 한 이와 같은 정실주의(情實主義), 연고주의(緣故主義)로 인해 법대로, 원칙대로의 법치주의가 훼손되고, 사법제도 전체가 불신을 받게 되며, 법조의 생태계는 파괴된다는 점입니다.

특히 오늘 우리 법조의 생태계는 기업의 생태계, 경제의 생태계와 전혀 다를 바가 없이 전면적인 양극화가 진행되고 있습니다. 소수의 특권적 법조인과 다수의 쇠락한 법조인이 공존하고 있으며 따라서 공정한 시장, 상생(相生), 생태계의 다양성은 법조계에서도 최우선의 화두가 되고 있습니다.

가마우지 낚시법

중국 어느 지방에서는 가마우지를 이용해 낚시를 하고 이를 관광 상품화 한다고 합니다. 가마우지를 물속에 풀어놓으면 배고픈 가마우지가 물고기를 무는 데 목에 묶어놓은 줄 때문에 고기를 삼키지 못하고 어둥바둥하는 사이, 주인이 잽싸게 물고기를 낚아채가는 수법이라는 것입니다.

열심히 수출을 하는데도, 정작 내수진작(內需振作)과 고용증대로 이어지지 못하고 서민들 살림살이가 갈수록 어려워지는 우리경제의 현실을 이 가마우지 신세에 빗대어 설명한 글을 본 적이 있습니다. 우리 경제 구조가 노동집약적 산업에서 기술·자본 집약적 산업으로 변하고, 부품·소재·원천기술에 대한 대외의존도가 커서 수출이 늘어도 고용은 늘지 않고, 수입은 덩달아 늘어나니 별 실속이 없다는 것입니다.

재주는 곰이 부리고 돈은 뙤놈이 버는 격이요, 먹어도 먹어도 배가 고픈 이유입니다. 한국경제만이 아니라 대부분의 생활인, 샐러리맨, 자영업자들의 처지도 이 가마우지신세와 크게 다를 것이 없습니다. 열심히 일하고, 죽어라 매상을 올려도 오르는 전세금을 감당하기 어렵고 대출금 이자내고 카드값 메꾸고 생활비 쓰고 나면 남는 것이 없습니다.

여기에 한몫 더 하는 것이 학원비, 과외비 등 이른바 자녀들 교육

비입니다. 아이들 학원비를 대기 위해 전업주부가 파출부 일을 나가거나 식당에서 서빙을 하고, 아버지는 투잡(two job)을 하는 것이 이제 일상이 된 세상 속에서 우리는 살고 있습니다.

그 누구도 행복하지 않은 교육

아무리 허리가 휘더라도 아이들 행복을 위해서라면 자기 한 몸 희생해도 아깝지 않은 것이 부모심정이지만, 그렇다고 아이들이 행복한 것도 아닙니다. 공부깨나 하는 아이들은 그들대로 학교로 학원으로 쉴 틈 없이 내몰리고 진학에 대한 중압감, 극심한 경쟁과 피로, 스트레스에 시달리고 있으며, 일찌감치 낙오한 아이들은 공부를 포기하고 학교와 집, 피시방을 의미 없이 오가고 있습니다.

학교는 '학원수업이 없을 때 가는 곳'이거나 '부족한 잠을 자는 곳'이 되었고, 이미 선행학습을 마친 아이들과 일찌감치 공부를 포기한 아이들 사이에서 수업은 방향을 잃고 공허해진지 오래며, 선생님들은 단순한 '지식전달자' 대접도 받지 못한 채 존경과 권위를 잃었습니다.

나라의 장래를 위하는 일이라면 그 또한 참아야 할지 모르겠으나 오늘의 주입식, 암기식 교육으로는 지금 같은 세계화, 지식정보화 시대를 헤쳐 나가기 어렵습니다. 창의적인 인재를 양성하기 어려울 뿐 아니라 체·덕·지를 겸비한 인격자, 민주시민을 기르는 교육도 불가능합니다.

결국 지금의 우리 교육은 학부모는 허리가 휘고 학생은 피폐하며, 교사는 권위와 존경을 잃고 나라의 장래마저 어둡게 하는 것이고 그 누구도 행복하지 않은, 승자는 없고 패자만 있는 교육이라 할 것입니다. 항간에 나도는 '미친 교육'이라는 말이 전혀 과장이 아닌 상황이고, 그야말로 일대 전환이 필요한 절박한 시점에 와 있습니다.

공교육활성화는 시대의 정의

과외와 학원교습 등 사교육의 과열을 막기 위해 각종 금지와 제한 조치를 하는 것도 생각해볼 수 있습니다. 과거의 '과외금지법'이나 현재의 '선행학습금지법－공교육정상화촉진및선행교육규제에관한특별법'과 '심야수업금지조례' 등이 그 예이며, '주말수업금지' 방안도 논의되고 있습니다.

그러나 이러한 각종 금지와 제한은 '과외금지법－학원의설립·운영및과외교습에관한법률'에 대한 위헌판결에서 보는 바와 같이 학부모와 아이들의 교육권과 학습권, 사생활의 자유로운 형성권, 행복추구권을 침해할 여지가 있고 과외교습자와 학원(강사)의 직업선택의 자유, 영업의 자유를 제한하여 위헌의 소지가 있습니다. 또 수요가 여전한 상태에서 공급만을 통제하는 이와 같은 방법으로는 탈법과 가격상승을 부추기는 등 부작용이 발생할 수 있고, 관련 당사자들의 심한 반발을 초래하여 상당한 사회적 비용을 지불해야 할지도 모릅니다. 압박붕대로 자살하는 사람이 있다고 해서 이를 아예 못 팔게 하거나 아파트에서 투신하는 사람 때문에 고층아파트를 못 짓게 할 수는 없습니다.

따라서 보다 근본적인 해결책은 공교육을 북돋고 개혁하고 활성화하는 길 밖에 없습니다. 먼저 학교가 학생들의 주된 생활공간이 되도록 적어도 평일에는 저녁 7시까지 그리고 주말에는 토요일 1시까지 아이들이 학교에서 공부하고 뛰놀도록 하여야 합니다. 국, 영, 수 등

소위 중요과목의 비중을 대폭 낮춰 다른 과목과 동일하게 하고 대신 책읽기, 글쓰기, 토론하기, 협동하기, 봉사하기 과목을 신설해야 합니다. 매일 1시간 이상의 자율독서와 운동과 악기 배우는 시간을 보장해야 합니다. 물론 대학은 이렇게 개편된 교과과정을 반영하여 이를 충실히 이행하는 학생들이 적성과 능력에 따라 원하는 대학에 진학할 수 있도록 협조하여야 합니다.

공교육을 개편하고 활성화하기 위해서는 역시 예산과 인력이 문제가 됩니다. 그러나 우리에게 주어진 자산이 사람밖에 없고, 지난 반세기의 경제발전과 민주화를 이룩한 힘이 교육에 있었음을 상기해보면, 교육에 대한 투자는 우리 사회가 한 단계 더 발전하기 위한 가장 중요하고, 효과적인 투자입니다. 교육의 대혁신과 남북의 통일, 경제개혁 이외에는 달리 우리나라가 재도약할 뚜렷한 방법이 없습니다.

농부는 굶어 죽어도 종자(種子)는 베고 죽는다고 했습니다. 아무리 힘들어도 미래세대를 위한 투자, 교육에 대한 투자를 게을리 할 수는 없습니다. 공교육을 개편하고 살리는 것은 당장 사교육비에 허덕이는 부모들의 허리를 펴게 하고 창백하게 시드는 아이들을 웃게 하는 일이며, 나라의 미래를 밝게 만드는 지름길입니다. 행복을 정의라고 단순화한다면 공교육을 살리는 것은 한마디로 이 시대의 정의입니다.

다수결 -소수자보호와 통합-

전가의 보도

국회나 정당, 회사, 각종 단체 등 의사결정을 필요로 하는 곳이면 어디서든지 전가(傳家)의 보도(寶刀)처럼 휘둘러대는 말이 '민주주의는 다수결이다. 다수의 결정에 따르라'는 것입니다. 딱히 틀린 말은 아니지만 이처럼 다수결 원칙이 다수자의 강요나 횡포를 정당화하는 도구로 쓰이는 것에 대해 소수자는 왠지 석연치 않고 억울한 심정인 것 또한 사실입니다.

민주주의란 말 그대로 국민이 주인인 정치제도 또는 이를 지향하는 사상을 말합니다. 국가권력의 성립과 행사가 국민의 뜻에 귀속되는 제도가 바로 민주주의입니다. 이를 공·사 단체에 확장해보면 구성원의 뜻에 따라 대표가 선출되고 의사결정이 이루어지는 것이 민주주의입니다.

그런데 구성원들의 뜻이 하나로 합치되면 좋겠지만 각자가 처한 처지나 상황, 이해관계와 가치관이 다르기 때문에 각기 다른 의견이 표출될 수밖에 없고, 이처럼 서로 다른 견해 속에서 하나의 의사결정을 해야 하기 때문에 도입된 원칙이 다수결 원칙입니다. 만장일치에 이르지 않는 한 그 조직은 대표자를 선출할 수도 의사결정을 할 수도 없는 사태에 봉착하기 때문에 현실의 민주주의는 언제나 다수결의 원리를 불가피하고 필수적인 구성요소로 하는 것입니다.

이에 관해 존 로크는 '어떤 공동체든 그것을 움직이게 하는 것은 오직 그 구성원들의 동의뿐인데, 한 단체는 한 방향으로 나갈 수밖에 없으므로 가장 커다란 힘, 곧 다수의 동의가 그것을 이끄는 방향으로 움직이지 않을 수 없다. 만약 그렇지 않다면 그것은 한 단체, 한 공동체로서 활동하거나 존속하는 것이 불가능해진다'라고 말합니다(통치론, 존 로크).

다수의 자유와 소수의 부자유

이처럼 다수결 원칙은 민주주의의 불가피한 요소이지만, 다수파의 의사는 전체의 의사(일반의지)로 확장되는 반면 소수파의 의사는 0으로 축소되는 의사의 왜곡이 발생합니다. 예를 들어 어떤 하나의 안건에 대하여 51%의 구성원이 찬성하고, 49%의 구성원이 반대한다고 하였을 때(현실세계에서는 이처럼 찬반의견이 극히 근소한 차이로 갈리는 경우가 비일비재합니다) 다수결 원칙에 따르면 51%의 의사는 집단 전체의 의사로 간주되는 반면 49%의 의사는 아무런 의미를 갖지 못하게 됩니다. 단 2%의 차이에 불과하지만 그 결과는 이처럼 전부 아니면 전무라는 현격한 차이를 나타내게 됩니다.

다수결원칙은 다수파의 자유와 소수파의 부자유를 동시에 결과합니다. 다수결원칙은 다수파에게는 자기 의사의 실현이라는 의미에서 자유를 부여하는 반면 소수파에게는 자신의 의사에 반해 다수파의 의사에 따라야 하는 부자유와 복종을 초래합니다. 한마디로 다수파에게는 자유를, 소수파에게는 부자유를 초래하는 것이 다수결원칙입니다.

그렇다고 다수결원칙이 반드시 최선의 합리적인 결정을 보장하는 것은 아닙니다. 충분한 정보의 교환과 심사숙고, 토론을 전제로 하였을 때 다수결이 보다 좋은 결정을 낳을 가능성이 높은 것은 사실이나, 앞서 본 것처럼 소크라테스의 사형판결도 다수결원칙에 따라 이루어진 것이며, 나치정권도 합법적인 의회다수파로 출현하였습니다. 특히 일시적 흥분, 비이성적 광기가 횡행하거나 특정한 신념, 인종주의, 민족주의가 발호할 때는 다수의 결정이 정의에 반하는 경우도 많습니다.

이처럼 부자유와 복종을 초래하며, 때로 불합리한 결정도 내려지기 때문에 다수결원칙은 소수파의 소외와 불만, 저항을 수반하며 따라서 이를 최소화하고 승복과 통합을 이끌어내는 것이 다수결원칙의 숙제입니다. 다수결원칙은 실은 '다수의사의 강요'에 그 핵심이 있는 것이 아니라 의사결정에서 배제된 '소수자의 보호와 통합'에 그 중점이 있는 것입니다.

정당성의 요건

다수결원칙은 ① 다수결로도 함부로 변경할 수 없는 근본가치나 목표에 대한 공통의 인식 ② 다수파와 소수파의 자유로운 교체 ③ 토론, 설득의 자유와 공정한 기회의 보장을 전제로 합니다. 다수결이면 무엇이든 할 수 있고 정당화된다는 사고는 불신과 저항을 초래할 뿐이며, 다수파와 소수파의 고착은 영원한 자유와 영원한 노예(복종)의 관계와 같습니다. 설득의 자유와 충분한 기회 보장 없는 날치기, 당론투표, 형식적 표결은 새로운 분란의 원인이 됩니다.

무엇보다 중요한 것은 다수파의 관용적 자세입니다. 다수가 선

(善)이 아닌 것처럼 소수도 악(惡)이 아니며 다수가 우연인 것처럼 소수도 필연이 아니라는 열린 자세가 필요하고, 소수의사를 경청하고 그들의 정당한 요구를 수용할 수 있어야 합니다.

다수결원칙이 그 자체로 선이거나 정의를 담보하는 것은 아닙니다. 민주주의 사회에서 의사결정을 하기 위한 현실적이고 불가피한 수단이며, 소수자의 보호와 배려를 필연적으로 수반하는 불완전한 의사결정방법일 뿐입니다.

현대판 음서제?

주요 로펌들이 로스쿨(법학전문대학원)출신 변호사를 채용함에 있어 고위법조인, 정치인, 행정관료, 대기업 간부의 자녀를 선호한다는 보도가 있었습니다. 인맥을 이용해 인적 네트워크를 강화하고 대형 사건을 수임하려는 것이라는데, 이에 대해 '밀실채용'이니 '현대판 음서제'[5]니 하며 반발하는 이가 있는가 하면 '자유경쟁시장에서 유력인사 자제를 채용해 대형 소송을 유치하겠다는데 뭐가 문제냐'고 항변하는 사람도 있습니다.

채용기준이 명확치 않고 변호사시험 성적이 공개되지 않은 것이 논란의 원인인데, 여하간 실력이 있음에도 특별한 빽이나 집안배경이 없어서 취업하지 못한 사람의 입장에서는 참으로 억울한 일이 아닐 수 없을 것입니다. 사람이 부모를 택해서, 인재가 지역과 가문을 골라서 태어날 수는 없는 일이기 때문입니다.

한때 경찰이나 소방관을 채용할 때 키·몸무게 등 신체제한을 두었던 시절이 있었습니다. 경찰을 예로 들면 남자의 경우 키는 167센티미터, 몸무게는 57킬로그램 이상이었고, 여자는 키 157센티미터, 몸무

5) 고려·조선 때 공신 또는 상류층 자손들을 과거에 의하지 않고 관리로 채용하는 제도

게는 47킬로그램 이상이었습니다.

이에 대해 국가인권위원회가 '이들 직종이 업무특성상 육체적 능력이 요구된다고는 하나 키와 몸무게로 업무수행능력을 평가하는 것은 과학적인 근거가 없고 체력은 체력검사 등 객관적인 시험을 통해 판단해야 한다'며 '경찰이나 소방관을 채용할 때 키·몸무게 등 신체제한을 두는 것은 평등권과 공무담임권의 침해'라고 결정하고 관계기관에 시정을 권고했습니다.

그러자 인권위의 결정을 놓고 찬반양론이 뜨겁게 달아올랐습니다. '경찰이 신체기준을 두는 것은 차별이 아니라 차이다' '직무특성을 무시한 결정이고 오히려 기준을 강화해야 한다'고 주장하는 쪽이 있는가 하면 '키가 작아도 운동능력은 더 발달할 수 있다' '167센티미터나 166센티미터나 직무수행에 얼마나 차이가 있느냐'고 반박하는 쪽도 있었습니다. 결국 이런 논란은 인권위의 결정을 수용하여 키·몸무게 등 신체제한을 폐지하고 대신 신체능력검사를 강화하는 방향으로 결론이 났습니다.

평등의 의미

우리 헌법은 제11조에서 '모든 국민은 법 앞에 평등하다. 누구든지 성별·종교 또는 사회적 신분에 의하여 정치적·경제적·사회적·문화적 생활의 모든 영역에 있어서 차별을 받지 아니한다'고 규정하여 평등권을 국민의 기본권으로 보장하고 있습니다. 여기서의 평등이란 물론 일체의 차별적 대우를 부정하는 절대적 평등이 아니라 합리적 근거 없이 차별을 해서는 안 된다는 상대적 평등을 의미하여, 따라서 합리적인 이유와 근거가 있는 차별인가 여부가 핵심쟁점이 됩니다.

앞서 경찰이 인권위의 권고를 수용하여 신체제한을 폐지한 것은 결국 이와 같은 차별이 합리적 이유가 없거나 근거가 희박하다는 것을 스스로 인정한 결과이고, 같은 이유로 일반직 공무원 임용시 나이제한(연령의 상한)도 폐지되었습니다. 반면 경찰이나 소방공무원의 경우 여전히 나이제한이 있는데, 이들 직종의 경우 많은 신체활동과 능력이 요구되고 따라서 나이를 제한하는 것이 나름 합리적 이유가 있다고 보기 때문입니다.

우리 헌법은 차별금지의 사유로 성별·종교·사회적 신분을 들고 있으나 이는 예시에 불과할 뿐이고 그 밖에도 가문, 부모, 출신지역, 나이, 키, 혈액형 등 자기 의지와 노력으로 바꿀 수 없는 것을 사유로 하는 차별은 불공정하고 부당합니다.

전성철 변호사는 그의 책에서 미연방대법원의 판례 하나를 다음과 같이 소개하고 있습니다.

> 이 세상은 차별하는 것이 당연한 세상이다. 또 차별을 해야 발전이 있다. 공부 잘하는 사람이 좋은 학교에 가고 일 잘하는 사람이 돈을 더 많이 받는 것 모두 차별이지만 그런 차별은 필요한 것이다. 그래야 공부도 열심히 하고 일도 열심히 하는 것이다. 그러나 우리 헌법이 절대 차별해서는 안 된다고 하는 것이 있다. 그것은 한마디로 본인이 아무리 노력해도 결코 바꿀 수 없는 것을 가지고 차별해서는 안 된다는 것이다. 흑인이 아무리 노력해도 백인이 될 수 없고 여자가 아무리 노력해도 남자가 될 수 없고 노인이 아무리 노력해도 젊은이가 될 수 없다. 바로 이렇게 자기가 아무리 노력해도 바꿀 수 없는 것을 가지고 차별하는 것은 근원적으로 불공평한 것이다. 이런 차별은 우리 헌법이 용납하지 않는 차별이다.

안전의 대가 -CCTV와 범죄예방-

불안사회

우리 사회는 매우 불안정한 사회입니다. 변화가 빠르고 적응이 어려우며, 미래에 대한 예측이 쉽지 않습니다. 지구화·세계화의 급속한 진행도 불안을 배가합니다. 이제 우리의 뜻이나 의지와 상관없이 외부적 요인이 항상적으로 내부 문제에 영향을 미치게 되었고 그만큼 변수가 많아지게 되었습니다.

경쟁이 심하고 그 사다리에서 낙오한 자들에 대한 안전망이 취약한 것도 불안을 부추깁니다. 진학, 취업, 결혼 자체가 어려울 뿐 아니라 이 난관을 통과했다 하더라도 출산, 육아, 교육, 주거 문제가 기다리고 있으며, 실직과 질병, 노후의 위험이 항상 도사리고 있습니다. 어느 사회나 이들 문제가 있는 것이지만 이에 대한 대비가 대부분 개인에게 맡겨져 있고, 국가·사회적 차원의 복지와 안전망이 취약하다는 데 문제가 있습니다.

원초적으로는 대형사고나 각종 재난·재해에 대한 불안이 있습니다. 지난 반세기 우리는 외형적으로 비약적인 성장을 이루어냈지만 한편으로 '빨리빨리' '대충대충' 해온 것도 사실이고 여기에 부정부패와 도덕적 해이, 불공정 관행 같은 것이 결합되어 부실공사, 날림공사가 횡행하였습니다. 그 결과 삼풍백화점이나 성수대교 붕괴에서 보는 바와 같이 멀쩡하던 건물이 무너지고 도로가 꺼지고 가스가 폭발하는 일이 적지 않게 발생하게 되었습니다.

여기에 전통적인 불안요소라 할 범죄가 수그러들지 않는 것도 사람들의 불안 심리를 부채질하고 있습니다.

안전은 모순적 기본권

그 반작용으로 '안전하게 살 권리'가 화두가 되고, 안전권이 국민의 기본권이라는 인식이 확산되고 있으며, 대형 사고나 각종 재난을 두고 그 책임소재를 따지는 공방도 뜨겁습니다. '과거의 누적된 결과'라거나 '현 정권의 책임'이라는 것인데, 전자가 무책임하다면 후자는 불공평합니다. '설치'는 과거의 일이고 '관리와 예방'은 현재의 일이기 때문입니다.

우리 헌법은 '안전권'을 기본권으로 명시적으로 규정하고 있지는 않습니다. 다만, '국가는 재해를 예방하고 그 위험으로부터 국민을 보호하기 위하여 노력하여야 한다'거나 '국민의 자유와 권리는 헌법에 열거되지 아니한 이유로 경시되지 아니한다'는 조항이 있을 뿐입니다. 그러나 안전이 보장되지 않으면 생명이나 신체, 자유나 재산도 온전히 보장될 수 없다는 점에서 안전에 대한 권리는 비록 명시되지는 않았지만 국민의 포괄적 기본권의 하나라고 보아도 무방할 것입니다.

굳이 헌법조항이 아니더라도 안전은 국가의 성립근거이자 존재이유이기도 합니다. 홉스나 로크, 루소가 제창한 사회계약설의 핵심은 결국 자연상태의 사람들이 안전(평화, 질서)을 위해 국가를 성립하고 법의 지배하에 들어간다는 것이고, 따라서 안전은 사회계약의 핵심이자 국가의 존립목적입니다.

이처럼 안전권은 다른 기본권(생명·건강·자유·재산)의 전제가 되는 기본권이지만 한편으로 다른 기본권(특히 자유권)을 제약하고 공격하기도 합니다. 사회계약의 두 이유였던 자유와 안전(생명·재산)이 서로 다투게 되는 것입니다. 예를 들어 교통안전을 위한 'DMB 시청금지'나 '안전벨트 착용'은 운전자의 일반적 행동의 자유, 행복추구권을 제약하게 되며, 범죄예방을 위한 CCTV는 국민들의 사생활의 비밀과 자유(사생활의 내용을 공개당하지 않고, 사생활의 형성과 전개를 방해받지 않으며, 자신에 관한 정보를 스스로 관리·통제하는 것을 내용으로 하는 헌법상 권리)를 침해합니다. 이에 대해 독일의 법률가 빈프리트 하세머는 안전권을 '국가가 아니라 개인의 자유를 향해 역주행하는 기본권'이라고 말하기도 하였습니다.

적절한 균형이 중요

안전과 자유는 같은 기본권이면서도 이처럼 상호 긴장관계에 있고 안전은 그 대가로 자유의 희생을 요구하는 것이기 때문에 이들 사이에 적절한 균형점을 찾는 것이 중요한 과제로 등장하게 됩니다.

그런데 안전과 자유라는 대립되는 가치 사이에서 최적의 균형을 찾는 일, 이성적이고 냉철한 태도를 견지하는 것이 말처럼 쉽지 않습니다. 재해나 사고, 범죄에 대한 인간의 불안·공포는 본능적이고, 따라서 안전에 대한 호소는 다른 모든 이슈를 침묵시킬 만큼 근본적이고 강한 힘을 발휘하기 때문입니다. '너의 생명과 전 재산이 사라질지도 모르는데 그까짓 자유를 양보하지 못한다는 것이냐'고 한다면 이를 반박하기는 쉽지 않은 일입니다.

그러나 우리가 자유의 후퇴, 자유의 반납으로 얻은 안전이라는 것이 실은 턱없이 보잘것없는 경우도 많습니다. 유럽연합 국가 중 CCTV가 가장 많다는 영국의 런던 시민들은 1인당 하루에 300번씩 CCTV에 노출되고 범죄예방예산의 78%가 CCTV 설치와 운영에 소요되지만 범죄율 감소 수준은 3% 정도라는 보도가 있었습니다. 우리 서울시의 경우 CCTV가 적은데 범죄빈도가 낮은 자치구가 있고, CCTV가 많은데도 범죄빈도가 높은 자치구가 적지 않아 CCTV가 범죄예방에 미치는 효과는 미지수라는 발표도 있었고, 최근 몇 년간 CCTV 설치대수가 증가했지만 5대 주요범죄의 발생건수도 거의 매년 증가세에 있고, 검거건수는 계속 줄어들고 있다는 보도자료도 있습니다.

안전은 물론 소중한 가치입니다. 그러나 세상 모든 일에 공짜가 없는 것처럼 안전도 공짜로 얻어지는 것은 아닙니다. 또 다른 소중한 가치인 자유의 후퇴를 대가로 하는 것이며, 따라서 냉정한 손익계산이 필요한 것입니다.

피해자 없는 범죄 -성매매-

우리사회의 이중성

국회를 입법부(立法府), 입법기관이라 부릅니다. 국회가 법을 제정하는 것을 주 임무로 하기 때문에 붙여진 이름입니다. 물론 국회는 행정부와 사법부를 견제하고 감시하는 기능을 아울러 담당하고 있습니다. 이름 때문인지는 몰라도 오늘날의 국회는 새로운 법을 만드는 일에는 지대한 관심이 있는 반면, 낡고 오래되어 수명을 다한 법, 상호모순·충돌하는 법, 위헌소지가 다분한 법을 정리하고 폐지하는 데는 별반 관심이 없습니다.

법의적신(法衣適身)이라는 말이 있습니다. 법과 옷은 몸에 맞아야 한다는 말입니다. 법이 시대와 가치관의 변화를 제때 반영하지 못하면 마치 몸에 맞지 않는 옷처럼 거북스럽고 불편하거나, 한쪽 구석에 방치되는 신세를 면치 못합니다. 강압으로 겨우 효력을 유지하는 억시스런 법이 되거나 규범력과 실효성을 상실하여 허울뿐인 법이 되는 것입니다.

한 번쯤 우리 국회가 입법부가 아니라 폐법부(廢法府)임을 선언하고 이런 낡은 법들을 대거 정리하는 기간을 갖는다면 어떨까 생각해보는 까닭도 거기에 있습니다. 새로운 법을 만드는 것 이상으로 법치주의 발전에 기여하게 될 것입니다.

그런 법률 중 하나가 이른바 성매매특별법, 성매매알선등행위의처벌에관한법률입니다. 위 법에 따르면 성을 팔거나 산 자는 모두 1년 이하의 징역이나 300만원 이하의 벌금, 구류 또는 과료에 처하도록 되어 있습니다. 그러나 법을 비웃기라도 하듯 성매매는 빈번하게 이루어지고 있고, 성 산업에 종사하는 여성이 여성경제활동인구의 10분의 1이요, 성 산업의 규모가 수십 조라는 비공식적 통계도 나오는 실정입니다.

사정이 이렇다보니 '중책(衆責)은 불벌(不罰)'－다중이 지키지 않으면 벌하지 못한다'라고, 단순 성매수자는 아예 입건하지 않는 경우가 많았고, 혹 처벌받는 사람들도 단지 '재수 없는 일'로 여길 뿐이었습니다. 교통단속에 걸린 어떤 운전자가 '다들 신호위반하는데 왜 나만 잡느냐'고 항변하자, 어느 경찰이 '어부가 세상 물고기 다잡느냐, 잡힌 놈만 잡지'하고 둘러댔다는데 꼭 그런 형국입니다.

겉과 속이 다르고 현실과 법이 분열된 이중성 속에서 살고 있는 셈인데, 우리가 성매매특별법에 대해 한 번쯤 고민해야 할 첫 번째 이유입니다.

성매매의 문제

우리 형법은 1953년 제정·시행되었는데 위 형법에는 성매매 처벌 조항이 없었습니다. 1961년 5·16 군사정부가 들어서면서 사회악을 일소하고 선량한 풍속을 보호한다는 명목으로 윤락행위등방지법을 제정하면서 성매매를 처벌하기 시작하였던 것이 2004년 성매매알선등행위의처벌에관한법률로 변경되어 현재에 이르고 있는 것입니다. 성매매

처벌에 대한 법적 공백기가 있었다는 말인데, 이와 같은 법제정사는 성매매의 처벌이 고정불변의 결단이 아니라 시대의 변화에 따라 얼마든지 변화될 수 있다는 것을 보여줍니다.

실제로 서구 여러 나라(독일, 네덜란드, 영국, 프랑스, 미국 일부 주 등)에서는 단순 성매매를 합법화하여 성산업종사자들로부터 세금을 거두고 정기적인 건강검진을 받게 하는가 하면 전반적인 안전관리와 근로감독 등을 시행하고 있습니다.

모든 형벌규정이 그러한 것처럼 성매매특별법은 형벌이라는 수단을 통해 개인의 자유(성적자기결정권, 계약의 자유, 직업의 자유)를 직접적으로 침해합니다. 누구든지 처벌을 감수하지 않고는 더 이상 성을 매매할 수 없는 것입니다.

문제는 그로 인해 보호하고자 하는 '선량한 성 풍속'이라는 사회적 법익의 내용이 매우 추상적이고 모호하다는 데 있습니다. 물론 형법은 개인의 생명(살인죄), 건강(상해죄), 자유(체포·감금죄, 강요죄), 재산(강도·절도죄), 명예(명예훼손죄·모욕죄 등) 등 개인적 법익만을 보호법익으로 하지는 않습니다. 내란죄·외환죄 등 국가적 법익을 보호하기 위한 형법규정도 있고, 방화·실화죄 등 사회공공의 안녕질서를 보호하기 위한 규정도 있습니다.

그러나 사회적·국가적 법익을 보호하기 위한 범죄는 궁극적으로 개인의 생명·자유·재산을 보호하기 위해 존재하는 것입니다. 국가공동체의 안녕·질서가 보장되지 않으면 개인의 생명·자유·재산이라는 법익도 보호하기 어렵기 때문입니다. 따라서 개인의 생명·자유·재산의 보호와 직·간접적인 연관성을 가지지 못하는 사회적·국가적 범죄는 그 정당성에 상당한 의문이 제기될 수밖에 없습니다. 그런데 '선량한 성풍속'이라는 사회적 법익은 개인의 생명·자유·재산의 보호와 직·간접적 연관성이 희박합니다. 성매매를 처벌한다고 해서 궁극적으로 개인의 생명이나 자유, 재산이 지켜지는 것은 아니기 때문입니다.

성매매의 처벌은 법률의 도덕화, 도덕의 법률화의 대표적 사례이고, 타인에게 해악을 끼치거나 그럴 위험이 있는 행위만 범죄로 규율해야 한다는 해악의 원칙에 따르더라도 정당성이 의문시되며, 법적 안정성(규범의 실효성과 처벌의 확실성·일관성)이 의심받는 범죄이기도 합니다.

공론화의 필요성

성적으로 문란한 사회가 건강하고 성숙한 사회일 수는 없고 그 어떤 문화국가도 성매매의 합법화를 자랑스럽게 내세울 수는 없을 것입니다. 성매매의 양성화가 일시적으로 향락과 성적 문란을 조장할 가능성도 배제할 수 없고 국민 여론이 그다지 호의적이지 않은 것도 사실입니다.

그러나 앞서 본 것처럼 법의 존재에도 불구하고 성매매가 여전히 성행하고 있으며, 지하화·음성화에 따른 부작용도 무시할 수 없는 점, 성매매를 생존수단으로 하는 성산업 종사자와 성 수요자가 엄연히 존재하는 현실, 그리고 성매매특별법이 여러 법철학적 도전에 직면하고 법적 안정성이 위협받고 있는 사정을 감안하면 단순 성매매에 대해서는 처벌규정을 폐지하는 것도 한 번쯤 고려해야 될 것이 아닌가 생각됩니다. 그러나 누가 과연 여론의 십자포화와 반대를 무릅쓰고 고양이 목에 방울을 달자고 할 것인지 한편으론 회의적인 것도 사실입니다.

개와 가축 -동물보호법과 축산물안전관리법-

法哲學

개에 대한 정의

개가 동물인 것은 두말할 여지가 없습니다. 동물에 대한 사전적 정의를 보면 '식물에 대응하는 생물군' '움직일 수 있으며 다른 생물로부터 양분을 얻어 살아가는 생물' '사람을 제외한 길짐승, 날짐승, 물짐승의 통칭' 등인데, 어느 기준을 따르더라도 개(犬)가 동물인 것은 당연합니다.

더 나아가 개는 고등동물로서 척추동물입니다. '몸은 좌우대칭이고 지지기관으로 척추를 가졌으며 동물계에서 가장 복잡한 체제와 분화된 기능을 가진 동물'이기 때문입니다.

여기까지는 일반상식과 사전적 정의와 법의 정의가 일치합니다. 우리 동물보호법도 제2조에서 개를 소·말·돼지·고양이·토끼·닭·오리·산양·면양·사슴·여우·밍크 등과 함께 보호대상인 척추동물로 규정하고 있습니다.

그러면 개는 가축일까요? 아닐까요? 가축의 사전적 정의는 '집에서 기르는 짐승, 소·말·돼지·닭·개 따위'이고, 농촌진흥청의 농업용어사전에 의하더라도 '생산 또는 애완 등의 목적으로 사육하는 짐승, 소·말·돼지·닭·개 따위'입니다. 일반의 상식도 그와 다르지 않으며 따라서 어느 모로 보나 개가 가축의 일종임이 분명합니다.

그런데 축산물위생관리법에 이르면 이러한 사전적 정의와 법의 정의가 빗나가기 시작합니다. 축산물위생관리법 제2조와 같은 법 시행령 제2조에 의하면 가축은 '소 · 말 · 양(염소 · 산양) · 돼지(멧돼지) · 닭 · 오리 · 사슴 · 토끼 · 칠면조 · 거위 · 메추리 · 꿩 · 당나귀'뿐이며 개는 가축에 포함되지 않습니다. 양 · 멧돼지 · 사슴 · 칠면조 · 꿩 · 당나귀처럼 일반적으로 집에서 잘 기르지 않는 동물도 가축의 일종인 반면 우리가 집에서 흔히 기르는 개와 고양이는 가축이 아니라는 것입니다.

축산물위생관리법이 '식용을 목적으로 하는 동물'만을 가축으로 정의하고, 이들 '가축의 사육 · 도살 · 처리와 축산물의 가공 · 유통 및 검사에 관하여 필요한 사항을 정함으로써 축산업의 건전한 발전과 공중위생의 향상에 이바지할 목적'으로 제정된 것이기 때문입니다.

결국 '먹을 수 있느냐 없느냐'는 별개의 기준 때문에 엄연히 가축의 일종인 개가 가축의 범주에서 제외되는 이상한 결론에 도달하는 것입니다. 법이 일반인의 상식이나 용어의 정의와 배치되고 불신과 괴리를 초래하는 지점입니다.

물론 법의 정의가 일반상식이나 사전적 정의와 반드시 일치하는 것은 아닙니다. 법률용어로서의 '악의(惡意)'가 상식적 해석인 '나쁜 마음'이나 '해의(害意)'보다는 오히려 '어떤 것을 알고 있는 상태'나 '고의(故意)'로 쓰이는 것이 그 예입니다.

식용금지는 일반의지인가

문제는 '개는 식용을 목적으로 하지 않는다' '먹을 수 없다'는 것이 우리의 일반의지인가 하는 것입니다. 우리 축산물위생관리법과 동물보호법의 태도를 종합해보면 개는 보호의 대상일 뿐 먹거나 이를 위해 도축, 가공, 유통해서는 안 되는 것이기 때문입니다.

일반의지를 단순히 다수의 의사로 해석한다면 '개는 식용이 아니다'는 법적 선언이 일반의지의 표현이라 할 수도 있을 것입니다. 정확한 통계를 알 수는 없지만 개는 식용목적의 동물이 아니라는 생각이 다수의사에 가깝고 실제로 개를 식용하지 않는 인구가 더 많을 수도 있습니다.

그러나 일반의지는 개별의사의 총합이나 다수의 의사가 아니라 전체의 의사(=구성원 공동의 이익)로 간주되는 의사이며, 그에 따르는 규범력과 힘, 정당성을 갖춘 의사입니다. 개를 식용으로 즐기는 인구가 엄연히 존재하고 이에 대해 현실의 법이 아무런 제재나 규범력을 발휘할 수 없다면 '개의 식용금지'는 일반의지라 단언할 수 없는 것입니다.

사람들 중에는 채식주의자도 있고 '시냇물과 솔잎으로도 평생을 살 수 있다'고 생각하는 도인(道人)도 있지만 '인간의 필요에 의한 동물의 식용은 불가피하며 따라서 필요 이상으로 동물을 살상하거나 쓸데없이 고통을 가하지 않으면 된다. 요컨대 잘 키워서 잡아먹을 만큼만 사랑하면 되는 것이다'라고 생각하는 사람도 있습니다.

개가 '척추동물'일 뿐 '가축'이 아니라는 것은 어딘가 부자연스럽고 개가 버젓이 식용으로 유통되는 현실에 비추어 차라리 식용견(犬)에 대해서는 합법적으로 도축·가공하고, 유통되게 하는 것이 축산물위생관리법의 목적인 '공중위생의 향상'에 이바지하고, 부족한 세수(稅收)를 확보하는 데도 도움이 될 것입니다.

떠도는 얘기지만, 독일의 재상 비스마르크가 전함발주에 대한 감사의 표시로 청나라 이홍장에게 군견용 순종 셰퍼드 2마리를 선물한 일이 있었습니다. 소감이 궁금했던 비스마르크에게 이홍장은 이렇게 답했다고 합니다.

'보내주신 선물은 잘 받았습니다. 그런데 맛은 별로더군요'

정의와 평화 -강도상해-

어떤 강도범

조선족 청년 한 사람이 구속되어 온 적이 있었습니다. 죄명이 강도상해였는데, 실상 내막을 들여다보면 죄명처럼 그렇게 무시무시할 것도 없는 일이었습니다.

그는 지방의 조그만 중소기업에서 근로자로 일하고 있었는데, 사건 당일 친구를 만나러 서울로 올라왔다가 친구와 술을 마시고 헤어진 후 문제의 사건이 발생하였습니다.

청년은 거의 만취상태여서 왜 친구와 헤어진 후 아무 연고가 없는 그곳에 오게 되었는지, 또 사건 당시 자신이 어떤 행동을 하였는지 잘 기억하지 못하고 있었고, 피해자의 진술에 따르면 귀가하기 위해 길을 걷고 있는데 그 청년이 다짜고짜 '돈 내놔' 하면서 자신의 핸드백을 빼앗으려 하였고, 청년과 실랑이를 벌이는 과정에서 넘어져 약 2주간의 치료를 요하는 타박상, 찰과상을 입었다는 것입니다.

사건현장은 사람들의 왕래가 잦은 도로변이었고 나중에 밝혀진 일이었지만 그 날은 그 청년의 월급날이어서 수중에 몇 십 만 원쯤의 돈도 있었고, 달리 핸드백을 빼앗을 만한 뚜렷한 이유도 없는 상태였습니다.

정작 문제는 이 사건에 대한 검찰의 구형이었습니다. 그 청년이

핸드백을 빼앗은 것도 흉기나 위험한 물건을 소지하고 있었던 것도 아니고, 그렇다고 피해자가 크게 다친 것도 아닌데, 징역 7년형을 논고하였던 것입니다.

물론 검찰이 법을 잘 몰라서 그런 것이 아니라 오히려 반대로 법대로 한 결과입니다. 우리 형법 제337조는 '강도가 사람을 상해하거나 상해에 이르게 한 때에는 무기 또는 7년 이상의 징역에 처한다'고 규정하고 있고, 검찰도 나름의 사정을 감안해서 법정형의 최하한을 구형한 것입니다.

정의와 평화

강도상해죄를 중하게 처벌하는 것은 나름의 이유가 있습니다. 형법이 보호하는 개인적 법익은 생명, 신체, 자유, 재산, 명예로 나눌 수 있는데 강도상해죄는 위와 같은 법익을 복합적으로 침해하는 것으로 죄질이 결코 가볍지 않기 때문입니다. 강도상해죄는 우선 사람의 생명·신체의 안전을 직접적으로 침해하는 범죄일 뿐 아니라 타인의 의사결정, 행동의 자유와 재산을 아울러 침해하는 범죄입니다.

복면강도가 칼로 위협하여 공포감을 주고 돈을 빼앗고 신체 일부를 찌르기까지 했다면 그만한 처벌을 받아 마땅합니다. 그러나 앞서의 경우처럼 석연치 않은 이유로 실랑이를 하다가 피해자를 넘어뜨려 다치게 한 경우나 불과 몇 만원을 훔쳐 달아나던 절도범이 체포를 면하려고 주인을 밀쳐 약간의 상처를 입힌 경우에도 7년 이상의 중형에 처하는 것은 아무래도 국민들의 건전한 법감정이나 정의관념에 부합하지 않습니다.

강도상해로 의율될 경우 피해자와 원만히 합의를 해도 작량감경하여 3년 6개월의 실형이 불가피하며 그 때문에 실무에서는 '피고인에게 억지로 술을 먹이거나'[6] 강도의 점이나 상해의 점 중 하나에 대해 무죄를 선고하는 편법을 자주 사용하고 있으며, 위의 사례에서도 재판부는 강도의 점에 대해 무죄를 선고하였습니다.

첫 장에서 본 것처럼 법이 존재하는 이유는 정의와 평화의 실현, 정의와 법적 안정성에 있습니다. 강도상해죄처럼 법정형을 중하게 규정하는 것은 일응 위하효과를 극대화하여 평화와 법적안정성에 기여하는 것처럼 보이기도 합니다. 그러나 그 때문에 구체적 타당성이라는 또 다른 가치의 훼손이 불가피하며, 이처럼 법규정이 국민의 정의관념이나 법감정에 부합하지 않게 되면 불신을 초래하게 되고 궁극적으로 규범력의 약화나 편법, 희화화를 피할 수 없습니다. 비단 강도상해죄뿐 아니라 일부 특별법 또한 포퓰리즘, 엄벌주의 경향으로 인해 법정형이 높게 정해진 경우가 적지 않은데 차제에 이들 법정형의 상하한을 두루 살펴서 적절히 개정할 필요성이 있다 할 것입니다.

6) 형법 제10조는 심신장애로 인하여 사물을 변별할 능력이나 의사결정능력이 미약한 자의 행위에 대해 필요적으로 형을 감경하도록 규정하고 있습니다.

소(疏)와 도(導) -문신시술-

이상한 탄원서

필자가 사는 아파트 단지의 경계는 벽돌이나 콘크리트가 아니라 작은 나무를 엮어 만든 나무울타리로 되어 있습니다. 그런데 이 울타리는 며칠이 못가서 사이가 벌어지거나 허물어졌고 그때마다 경비들이 나서서 다시 울타리를 수선해놓기를 반복하였습니다. 어찌된 영문인지 지켜보았더니 인근 초등학교와 중·고등학교에 다니는 아이들이 통로까지 멀리 돌아가기 싫어서 최단거리 쪽 울타리를 강제로 뚫어 등·하교를 하는 것이 원인이었습니다.

허물고 새로 엮는 실랑이가 몇 년 째 반복되는 것을 보고, '참, 끈덕지네, 아예 그쪽으로 정식 통로를 하나 더 내주지 그러나'하고 혀를 찬 일이 있습니다.

재판을 하다보면 범죄 피해자들의 탄원서라는 것을 보게 됩니다. 대개는 범죄로 인한 자신의 고통을 호소하며 피해자의 엄벌을 바라거나 피해배상을 탄원합니다. 또 피해자등의 진술권(형사소송법 제294조의 2조)을 이용해 직접 법정에 증인으로 나와 피해 진술을 하기도 합니다.

그런데 한 번은 아주 이상한 탄원서를 접하게 되었습니다. '피고인(가해자)으로 인해 살맛을 되찾았고 너무 행복하며 여름이 벌써 기다려진다'를 운운하는 탄원서였습니다.

피고인은 커버업 문신시술을 하는 사람이었는데, 인터넷 블로그에 광고를 하고 한 사람당 3~4십 만 원을 받고 총 네 사람에게 문신시술을 해준 혐의로 보건범죄단속에관한특별조치법위반으로 재판에 회부되었던 것입니다.

그런데 정작 불법시술의 피해자들이 탄원한 것은 '종전에 조악한 문신이나 흉터 등으로 노출이나 야외활동하기가 창피했는데 피고인이 문신을 너무 예쁘게 잘 해줘서 행복하고, 빨리 여름이 왔으면 좋겠다'는 취지의 것이었습니다.

소(疏)와 도(導)

현행법상 의료인이 아닌 자가 하는 이와 같은 문신시술행위는 모두 불법이고 의료법이나 보건범죄단속에관한특별조치법위반으로 처벌됩니다. 법원이 의료행위의 의미를 '질병의 예방과 치료행위'뿐 아니라 '사람의 생명, 신체나 공중의 위생에 위해를 발생시킬 우려가 있는 행위' 이른바 신체에 대한 침습행위까지 포함하는 것으로 보기 때문입니다. 다행히 의료법위반으로 기소되는 경우는 그나마 벌금형이라도 있으나 보건범죄단속에관한특별조치법위반으로 기소되는 경우에는 대다수 특별법이 그러하듯 법정형이 '무기 또는 2년 이상의 징역형'뿐이어서 꼼짝없이 최소 집행유예형을 받아야 합니다.

의사만이 문신시술을 할 수 있도록 하고 있는 것인데, 타투를 전문으로 하는 의료인이 있는가 하면 현실은 전혀 그렇지 못하고 따라서 현재 문신시술을 하는 사람은 모두 범죄자이고, 문신을 의뢰하는 사람들도 이들의 방조범까지는 아니더라도 범죄를 유인하고 유발하는 자가 되는 것이 현실입니다.

필자로 말하자면 생활적인 측면에서는 매우 보수적이고 문신도 ‘몸에 하는 낙서’와 같은 쓸모없는 일이라고 생각하는 축입니다. 그러나 개인의 호불호와 별개로 상당수의 국민이 문신을 기호나 개성의 표현으로 여기고 실제로 시술하고 있음을 생각해보면 이들 모두를 잠재적 범죄자나 범죄에 대한 동조자로 취급할 수는 없는 일이 아닌가 생각됩니다. 의사들이 대거 문신시술에 뛰어들지 않는 한 일정한 자격제도를 두고 문신(타투)을 양성화하는 것이 오히려 현실적이고, 음성화로 인한 여러 부작용을 최소화하는 일일지 모릅니다.

요순시대에 황하의 범람과 침수를 막기 위한 치수의 대책으로 양극단의 두 방책이 제시되었는데, 곤이라는 사람은 메우고 막는 것을 방법으로 삼았으나 실패하였고, 우는 반대로 뚫어주고 잘 통하게 하는 것으로 성공하고 끝내 임금의 자리까지 올랐다고 합니다. 좁게는 치산치수책이지만 우리의 법 운용도 거기서 교훈을 얻을 만합니다.

자유의 가치 -변호사 강제주의-

法哲學

간통죄 존치의 이유

물질이 의식을, 토대가 상부를, 경제가 정치를 규정한다는 말이 있습니다. '발이 눈'이라는 말도 합니다. 낡은 마르크시즘 결정론이라고 치부하지만 그 말이 결코 빈 말이 아님을 새삼 느낄 때가 많습니다.

아직 간통죄가 폐지되기 전의 일입니다. 사석에서 간통죄 폐지 필요성 운운하다가 선배 변호사로부터 핀잔 아닌 핀잔을 들어야 했습니다.

'자네 변호사 맞아?'
'무슨 말씀이신지'
'사건이 줄잖아, 사건이!'

그런 식으로 따지면 형사소송법의 대원칙인 무죄추정의 원칙이나 불구속수사의 원칙은 다 배부른 이야기고 쓸 데 없는 소리일 뿐입니다. 유죄추정하고 구속수사해야 돈 싸들고 변호사 선임하러 올 테니까 말입니다.

변호사 협회를 중심으로 '변호사 강제주의' 도입 주장이 제기되고 있습니다. 일정한 사건(상고심, 합의부 사건)에서 변호사선임을 강제하고, 변호사를 선임하지 못할 경우 나라에서 국선대리인을 붙여주고 보수도 지급하자는 것입니다. 변협은 그 명분으로 '헌법상 재판청구권의 실질적 보장' '국민의 사법접근성 향상' '사법절차의 효율적 운영' 등을 들고 있습니다.

이에 대해 '국민의 선택권 제한' '소송남용의 우려' '재정적 부담'을 이유로 반대하는 의견도 적지 않습니다. 다 나름의 이유와 명분이 있는 것이지만 그러나 여기서 다시 한 번 생각해 볼 것이 자유의 가치입니다.

자유의 가치

앞서 간통죄 이야기가 나왔지만 간통죄가 폐지된 결정적 이유는 이 법 규정이 다름 아닌 '성적 자기결정의 자유' '사생활의 자유'를 과도하게 침해한다는 것이었습니다. 별 반대가 없을 것 같은 '오바마케어'에 반대하는 주된 이유도 '왜 국가가 보험계약체결의 자유를 강제하느냐', '브로콜리가 몸에 좋다고 그 섭취까지 국가가 강제할 것이냐'는 것이었고, 그 때문에 반대자들은 '오바마케어'를 '브로콜리법'이라 불렀습니다.

헤겔은 '법의 이념은 자유'라고 했고, 밀은 자유를 제한하기 위해서는 이를 정당화하고도 남을 이유가 있어야 하며, 그것이 바로 '해악의 원칙'이라고 선언하였습니다.

몸이 아픈 사람이 병원에 갈 것인지 집에서 쉴 것인지 스스로 선택할 수 있는 것처럼, 수도꼭지가 고장난 사람이 스스로 고칠 것인지 사람을 부를 것인지 선택할 수 있는 것처럼, 국가의 재판을 받고자 하는 사람이 혼자서 재판을 받을 것인지, 변호사의 조력을 받을 것인지 자유롭게 선택할 수 있어야 하는 것이 원칙입니다. 그리고 이러한 자유를 제한하기 위해서는 그럴 만한 충분하고 합당한 이유가 있어야 합니다.

만약 그 이유가 궁색하다면 선뜻 나설 일도 아니고, '제 밥그릇 챙기기'라는 말을 듣기 딱 좋은 것입니다. 현재도 자력이 없어 변호사를 선임하지 못하는 이들을 위해 소송구조제도가 있으며, 각종 공적 법률구조조직도 있습니다. 이를 확대 개편하는 것으로도 상당 부분 '헌법상 재판청구권의 실질적 보장' '국민의 사법접근성 향상' '사법절차의 효율적 운영'이 가능합니다.

일수삼견(一水三見) -진실의 발견-

法哲學

일수사견

일수사견(一水四見)이라는 불가용어가 있습니다. 같은 물이 사람에게는 그저 물로, 물고기에게는 집(보금자리)으로, 천상의 신에게는 반짝이는 보석으로, 아귀에게는 피고름으로 보인다는 말로 하나의 사물이나 사건이라도 각자의 처지에 따라 서로 다르게 보인다는 뜻입니다.

어느 날 형사단독 참여관으로부터 전화를 받은 일이 있습니다. '판사님이 관심을 갖고 있는 사건인데, 변호사님이 꼭 좀 국선변호를 맡아주셨으면 한다'는 취지였습니다. 사건을 가려서 맡는 성격도 아니고 특별히 부탁전화까지 받은 마당이라 흔연히 수락하였습니다.

30대 초반의 여성이 같은 사이버대학 동창생인 남자와 간통하였다는 혐의로 기소된 사건이었는데, 상대방 남성은 피고인이 유부녀라는 사실을 알지 못했다 하여 처음부터 기소조차 되지 않았습니다.

피고인은 간통사실을 전면 부인하고 있었고, 유죄의 증거는 허술해서 '딸 아이(3세)로부터 두 사람이 뽀뽀하는 것을 보았다는 말을 들었다'는 피해자(남편)의 진술과 '××××년 봄 경 서울 종로 소재 상호불상 모텔에서 1회 성교하는 등 모두 4차례 성관계를 하였다'는 취지의 피고인이 남편에게 써 준 자인서가 전부였습니다.

피고인을 불러 사실관계를 묻고 '그럼 왜 자인서를 써준 것이냐'

고 했더니 '그렇게 하면 남편이 이혼해주겠다고 해서 써준 것일 뿐 전혀 사실이 아니다'는 것이었습니다.

피고인의 말에 나름 설득력이 없지 않았고, 관련 증거도 취약했으며, 공소장 기재 자체로도 공소사실이 특정된 것인지 의문이 없지 않아서 열심히 무죄변론을 하고 남편과 상대방 남성을 증인으로 불러 신문도 하였습니다. 피고인과 광의의 동문관계인 판사도 내심 필자와 생각이 다르지 않으리라 여기면서 말입니다.

그렇게 최후변론을 마치고 조금은 홀가분하고 피곤한 상태로 귀가하던 중 필자는 전혀 예상치 못한 광경을 목격하고 말았습니다. 차를 몰고 지하철 역 앞 도로를 지나다가 피고인과 상대방 남성이 골목에서 다정히 팔짱을 끼고 나오는 모습을 보았던 것입니다. 둔기로 머리를 얻어맞은 것도 같고 작은 바늘이 얼굴을 수없이 찌르는 것도 같고, 하여간 부끄럽고 황당하여 헛웃음만 나왔습니다.

삼인행(三人行)

새로운 고민은 '이 일을 나만 알고 있어야 하나, 판사에게 알려야 하나' 하는 것이었습니다. 혹 담당 판사가 피고인의 변명과 나의 변론을 그대로 믿고 무죄판결을 한다면 그 또한 문제이기 때문이었습니다. 고민을 거듭한 끝에 필자는 판사에게 연락하지 않기로 하였습니다. 어차피 공소사실의 입증책임이 검사에게 있고 판사 또한 수사기록과 증거조사의 결과를 충분히 살펴서 현명한 판결을 하리라 믿었던 것입니다.

마침내 판결 선고 당일 필자는 비로소 안도의 한숨을 쉴 수 있었습니다. 담당판사가 유죄판결을 하였고, 너무 과하지도 그렇다고 부족하지도 않은 적정한 형을 선고하였기 때문입니다.

세 사람이 길을 가면 반드시 스승이 있습니다. 자기보다 나은 사람이 교사임은 말할 것도 없지만, 그보다 못한 사람도 최소한 반면교사 노릇은 하는 셈이기 때문입니다. 법조계도 이와 같아서 판사, 검사, 변호사가 각자 자기 본분에 충실하면서 서로 견제하고 균형을 이룬다면 진실의 발견에 더 가까워질 것입니다. 한 눈으로 보는 것보다 세 개의 눈으로 보는 것이 더 정확할 것이고, 열 개(十)의 눈(目)으로 보면 비로소 바르게(直) 볼 수도 있을 것입니다.

정의감에 불타는 검사, 당사자의 이익에 충실한 변호사, 그리고 이 모든 것을 의심하고 또 의심하는 판사의 3인행과 조화를 생각해보는 이유입니다.

맺음말

이 책은 법철학에 관한 대중서, 교양서를 목표로 하여 쓴 책입니다. 법을 어렵고 골치 아프며 자신과는 상관없는 것이라고 생각하는 사람들을 생각하면서 그러나 법이 생각보다 쉽고 재미있다는 것, 우리의 삶과 깊은 관련을 맺고 있다는 것, 그리고 인간의 오랜 고민과 투쟁, 노력의 산물이라는 것을 보여주고 싶었습니다.

한편으론 좋은 법과 좋은 정치를 생각하는 계기가 되기를 바라는 마음도 있었습니다. '불안과 피로, 경쟁과 양극화' 속에서 많은 사람들이 정치란 무엇인가, 국가란 무엇인가를 되묻고 있는데 이는 결국 법이란 무엇이고 또 무엇이어야 하는가에 대한 질문과 같습니다.

그렇다면 무엇이 좋은 정치이고 무엇이 좋은 법일까요? 한마디로 정의의 정치, 정의의 법이라 할 수 있습니다. 그렇다면 정의란 또 무엇일까요? 그 시대의 상황과 조건에서 사회구성원의 행복과 자유를 최대한 실현하는 것입니다. 그런 점에서 정치인의 과학이란 '행복과 자유의 진정한 의미를 (새롭게) 규정하는 것'이라는 토마스 페인의 말은 정당합니다.

문제는 자원과 인력, 시간이 유한하다는 데 있습니다. 정치가 필연적으로 우선순위의 과학, 기회비용의 과학이 될 수밖에 없는 이유입니다. 한정된 예산으로 미사일 발사실험을 하고 핵개발을 하고 대형 토목공사를 할 것인지, 병원과 도서관을 짓고 일자리를 만들고 무상급식을 할 것인지를 고민하고 선택하고 실천해야 합니다.

글을 마치는 지금, 이와 같은 필자의 의도가 얼마나 이 책에 반영되었고 또 독자에게 전달된 것인지 가늠할 수 없습니다. 다만 이 책을

다 읽어봐도 역시 법은 머리 아프고 나와 상관없는 것이라고 생각하는 독자들이 있다면 이는 전적으로 필자의 생각이 짧고 능력이 부족한 탓이라 할 것입니다.

끝으로 법에 관한 알키비아데스와 페리클레스의 대화를 소개하며 책을 마치도록 하겠습니다.

이야기해 주십시오, 페리클레스. 당신은 나에게 법률이란 무엇인지 가르쳐 줄 수 있습니까?

아아, 할 수 있고말고.

그러면 꼭 좀 가르쳐 주십시오. 저는 세상 사람들이 법률을 잘 지켜 칭찬을 듣는 것을 보면, 법률이 무엇인지 모르는 자는 이 칭찬을 들을 자격이 없다는 생각이 항상 듭니다.

자네가 원하는 일은 그다지 어려운 일이 아닐세. 자네는 법률이 무엇인지 알고 싶다고 했는데, 법률이란 민중이 회의에서 결정하고 문서로 작성한, 해야 할 일과 해서는 안 될 일을 명백히 규정한 모든 것을 가리키는 것이네.

선을 행하여야 한다는 것입니까, 그렇지 않으면 악을 행하여야 한다는 것입니까?

그거야 물론 선이지 악은 아닐세.

그러면 민중이 아닌 과두(寡頭)정치의 나라에서 보는 것처럼, 소수의 사람들이 모여서 이러이러한 일을 하여야 한다고 명문화한 것은 무엇입니까?

국가의 주권자가 숙고해서 이러이러한 행위를 해야 한다고 명문화한 것은 모두 법률이라고 불린다네.

그러면 참주(僭主)가 국가의 주권자이고 시민이 하여야 할 일을 정하여 명문화한 것이 바로 법률입니까?

참주가 명문으로 선포한 것도 법률이라고 불리네.

압제와 무법이란 무엇입니까, 페리클레스. 강자가 약자에 대하여 제멋대로 설득에 의하지 않고 강제적으로 강요하는 것이 아닐까요?
말하자면 그렇지.
그렇다면 참주가 국민을 설득하지 않고 행위를 강제하는 명문을 선포했다면 그것은 모두 무법입니까?
그렇군. 참주가 설득에 의하지 않고 명문화한 것을 법률이라고 한 말은 취소하지.
소수의 사람이 설득에 의하지 않고 다수의 사람을 강제하는 법률을 내면, 이것을 압제라고 말해도 좋을까요, 안 될까요?
사람이 남을 설득하지 않고 행위를 강제하는 것은 명문이든 아니든 간에 모두 압제이지 법률은 아니라고 나는 생각하네.
그렇다면 민중이 부자들에 대하여 설득하지 않고 강권으로 법률을 만들었다면 이것도 압제이지 법률은 아니겠군요.

참고문헌

게오르크 빌헬름 프리드리히 헤겔, 법철학
김주일, 소크라테스는 악법도 법이라고 말하지 않았다
노베르트 회르스터, 법이란 무엇인가
라드부르흐, 법철학
루돌프 폰 예링, 권리를 위한 투쟁
류여해, 당신을 위한 법은 없다
마리자겐슈나이더, 클라시커 50 재판
마이클샌델, 정의란 무엇인가
마틴 골딩, 법철학
막스 베버, 직업으로서의 정치
말콤 글래드웰, 아웃라이어
배리 M 헤이거, 법치로 가는 길
빈프리트 하세머, 범죄와 형벌－올바른 형법을 위한 변론－
소포클레스, 안티고네
아르노 기그, 법, 정의, 국가
알렉시, 법의 개념과 효력
애덤 스위프트, 정치의 생각
에마뉘엘 퓌라, 법은 사회의 브레이크인가 엔진인가
유승훈, 조선시대의 법이야기
유시민, 국가란 무엇인가
______, 후불제민주주의
이상영, 이재승, 법사상사
이순혁, 검사님의 속사정
이정훈, 조선시대 법과 법사상
이종훈, 세계를 바꾼 연설과 선언

이춘재·김남일, 기울어진 저울
임마누엘 칸트, 영구평화론
장 보댕, 국가론
장 자크 루소, 사회계약론
__________, 인간불평등기원론
장호순, 미국헌법과 인권의 역사
제라르 도텔, 이유있는 반대
존 로크, 통치론
존 스튜어트 밀, 자유론
체사레 베카리아, 범죄와 형벌
최종고, 법철학
_____, 위대한 법사상가들 1,2,3.
켄지 요시노, 셰익스피어 정의를 말하다
크리스토퍼 히친스, 인권이펙트
크세노폰, 소크라테스 회상
토마스 홉스, 리바이어던－교회국가 및 시민국가의 재료와 형태 및 권력－
프레드 로델, 저주받으라 너희 법률가들이여
플라톤, 대화편
한스 켈젠, 정의란 무엇인가
헤르만 칸토로비츠, 법학을 위한 투쟁
헨리 데이빗 소로우, 시민의 불복종
호세 욤파르르크, 법철학의 길잡이

네이버, 다음 백과사전

저자 약력

1965년 출생. 고려대 법대 졸업. 2002년 사법시험 합격. 변호사, 산책가

법철학 소프트

초판발행 2015년 6월 20일
중판발행 2021년 3월 10일

지은이 김 석
펴낸이 안종만 · 안상준

편 집 전채린
기획/마케팅 정병조
표지디자인 김문정
제 작 고철민 · 정연환

펴낸곳 (주) 박영사
서울특별시 금천구 가산디지털2로 53, 210호(가산동, 한라시그마밸리)
등록 1959. 3. 11. 제300-1959-1호(倫)
전 화 02)733-6771
f a x 02)736-4818
e-mail pys@pybook.co.kr
homepage www.pybook.co.kr
ISBN 979-11-303-2764-8 03360

정 가 16,000원